Gute-Nacht-Geschichten

34 Geschichten zum Vorlesen

Gute-Nacht-
Geschichten

34 Geschichten zum Vorlesen

EDITION XXL

Inhalt

Der kleine
Drache Leopold

In einem Land, weit entfernt von dem Land, in dem
wir wohnen, lebte einmal ein kleiner Drache in einer
Höhle, ganz in der Nähe eines Dorfes. Er hieß Leopold
und liebte nichts mehr, als anderen Streiche zu spielen.
Er versteckte sich hinter jeder Ecke, nur um hervorzu-
springen, sobald jemand vorbeikam. Er zog anderen
den Stuhl weg, wenn sie sich gerade setzen wollten.
Einmal spuckte er sogar so lange Feuer, bis der große
Schneemann der Dorfkinder geschmolzen war. Wenn
er dann die erschrockenen, traurigen oder ärgerlichen
Gesichter der Leute sah, lachte er so laut, dass
kleine Rauchwolken aus seiner Nase kamen.
Den Dorfbewohnern gefielen die Streiche von
Leopold aber gar nicht. Bald stellten sie
eine Wache an der Höhle des Drachen
auf. Immer wenn Leopold nun seine
Höhle verließ, blies der Wächter in
sein Horn, um die Dorfbewohner
zu warnen. Dann rannten alle
sofort in ihre Häuser.

Nach einer Weile wunderte sich Leopold, wo die Menschen im Dorf geblieben waren. Auf einmal gab es niemanden mehr, dem er Streiche spielen konnte, sodass ihm langweilig wurde. →

7

Nach einiger Zeit blies der Wächter an der Höhle immer seltener in sein Horn und irgendwann war es gar nicht mehr zu hören. Leopold verließ seine Höhle nicht mehr, also brauchten die Dorfbewohner auch keine Wache mehr. Und als ein paar Jahre vergangen waren, hatte man ganz vergessen, dass es jemals einen Drachen gegeben hatte.

Eines Tages verirrte sich ein kleiner Junge in die Wälder. Als die Sonne unterging, hatte er immer noch nicht zurück ins Dorf gefunden. Zitternd vor Kälte kroch er in eine Höhle, rollte sich auf dem Boden zusammen und schlief erschöpft und hungrig ein. Als er wieder aufwachte, war es stockdunkel um ihn herum. Was hatte ihn nur geweckt?

Plötzlich hörte er ein Rascheln im hintersten Teil der Höhle. Ängstlich machte sich der Junge ganz klein und drückte sich gegen die kalte Steinwand. Dann hörte er ein Schluchzen, zuerst ganz leise, dann immer lauter. Das Weinen war so herzzerreißend, dass der Junge seine Angst vergaß und weiter in die Höhle hineinkrabbelte.

Ganz hinten in der Höhle, so weit weg vom Eingang, dass man nicht einmal die Sterne sehen konnte, saß der kleine Drache Leopold.

„Warum weinst du?", fragte der Junge.
Leopold sah auf. „Ich bin so alleine", schniefte er.
„Niemand kann mich leiden!"
„Aber wieso denn?", fragte der Junge erstaunt. Da
erzählte Leopold dem Jungen, was vor vielen Jahren
geschehen war.

„Wenn du willst", sagte der Junge schließlich,
„können wir Freunde sein." Leopold spitzte die
kleinen Drachenohren.
„Wirklich?", fragte er mit leuchtenden Augen.
Der Junge nickte.
„Aber zuerst musst du mir den Weg nach Hause ins
Dorf zeigen", sagte er zu Leopold. So brachte der
kleine Drache den Jungen nach Hause. Es war
das erste Mal seit Jahren, dass er
seine Höhle wieder
verließ, und es sollte
nicht das letzte Mal
sein. Nur Streiche
spielte er nie wieder.

Tautröpfchen rettet den Wald

Sonnenschein, Regenbogen und Tautröpfchen waren die besten Freundinnen. Die kleinen Waldfeen spielten am liebsten im Wald Verstecken.

„Heute verstecke ich mich als Erste!", rief Tautröpfchen eines Nachmittags. „Zählt bis dreißig und dann könnt ihr mich suchen kommen." Und schon flog sie davon.

Immer weiter flog Tautröpfchen, bis sie in einen Teil des Waldes kam, den sie noch gar nicht kannte. Dort versteckte sie sich in einem alten, gespaltenen Baum und wartete, dass Sonnenschein oder Regenbogen sie fanden.

Sie wartete und wartete. Wo blieben die beiden denn bloß? Sie flog wieder aus dem Baum heraus und schaute sich ungeduldig um. Da sah sie in der Ferne ein rotes Glühen. Ob das ihre Freunde, die Glühwürmchen, waren?

„Vielleicht können sie mir ja sagen, wo Sonnenschein und Regenbogen sind", dachte Tautröpfchen und flog auf das Glühen zu. Doch je näher sie kam, desto unheimlicher wurde es. Jetzt hörte sie auch ein lautes Knistern und Knacken.

„Oje, ein Waldbrand! Was mache ich denn jetzt?", rief Tautröpfchen in Panik. Fieberhaft überlegte sie hin und her … und endlich kam ihr die rettende Idee.

„Die Wassergnome aus dem Waldteich können mir bestimmt helfen!", dachte sie. Schnell wie der Blitz flitzte Tautröpfchen zum Feenbaum auf der anderen Seite des Waldes und erklärte ihren Feen-Schwestern ihren Plan. Auch Sonnenschein und Regenbogen waren da. Dann flogen alle zusammen zum Waldteich.

„Natürlich helfen wir euch!", sagte der König der Wassergnome und im Nu saß auf jeder Fee ein kleiner Gnom mit vollen Wasserbeuteln. Tautröpfchen führte sie zu dem Waldbrand.

„Jetzt verteilt euch gleichmäßig über dem Feuer. Wenn ich bis drei gezählt habe, schütten alle Gnome gleichzeitig das Wasser aus. Also dann … eins … zwei … drei!", rief Tautröpfchen. Wie das zischte und rauchte! Als sich der Rauch gelegt hatte, brachen die Feen und Gnome in Jubel aus. Das Feuer war gelöscht!

Sie fielen sich überglücklich in die Arme und tanzten vor Freude. Und von diesem Tag an verband die Waldfeen und die Wassergnome eine tiefe Freundschaft.

Ein Freund
für Benni

Benni war ein kleiner, schüchterner Elefant, der mit seiner Mutter in Afrika lebte. Er war gerade ein halbes Jahr alt geworden und hatte noch nicht viel von der Welt gesehen. Und er hatte auch noch keinen Freund gefunden. Das fand Benni gar nicht toll! „Mama, ich habe niemanden zum Spielen!", sagte er eines Tages und zupfte mit seinem Rüssel am Schwanz seiner Mutter. „Dann such dir doch jemanden zum Spielen", antwortete seine Mutter. „Da drüben am Wasserloch sind ganz viele Tiere. Da findest du bestimmt jemanden, der mit dir spielt."

Zärtlich gab sie ihm einen kleinen Schubs in die richtige Richtung und Benni trottete zögernd los. Als er am Wasserloch angekommen war, schaute sich Benni um. Da waren vier kleine Affenkinder, die im Wasser herumplanschten, angelten und Kokosnüsse von den Bäumen holten.

Auf der anderen Seite des Wasserlochs zeigte gerade eine Giraffe ihrem Kind, wie man mit so einem langen Giraffenhals richtig trinkt. Ganz breitbeinig standen die beiden nebeneinander. Das sah vielleicht lustig aus!

Und dann waren da noch ein paar Erdmännchen, die im Schatten eines Baums Fangen spielten. Aber die Affenkinder hatten am meisten Spaß von allen Tieren, die am Wasserloch waren. Also ging Benni zu ihnen.

„Darf ich bei euch mitspielen?", fragte er. „Du? Warum sollen wir mit dir spielen? Du bist ein Elefant und kannst ja nicht mal auf Bäume klettern. Dafür bist du viel zu schwer!", lachte der eine Affe. →

„Und kannst du in einem Affenzahn über die Steppe rennen wie wir?", fragte der zweite Affe.

„Nein, das kann ich nicht", sagte Benni so leise, dass man es kaum hören konnte.

„Kannst du wenigstens eine Angel bauen und viele leckere Fische angeln?", fragte der dritte Affe. Benni schüttelte traurig den Kopf.

„Warum sollen wir dann mit dir spielen? Du verdirbst uns ja doch nur den Spaß, weil du nicht hinterherkommst!", rief der vierte Affe.

Und dann lachten die vier Affenkinder so laut, dass es jeder am Wasserloch hören konnte. Benni hatte sich noch nie so sehr geschämt. Er wollte nur noch weg! Als er gerade die Flucht ergreifen wollte, sagte eine freundliche Stimme neben ihm: „Hör doch nicht auf die! Mit denen hättest du sowieso nicht viel Spaß."

Langsam drehte sich Benni um. Neben ihm stand die kleine Giraffe, die er vorhin gesehen hatte. „Hallo, ich bin Tobi. Vergiss die blöden Affen. Die spielen den ganzen Tag lang nur den anderen Tieren Streiche. Da willst du doch sowieso nicht mitmachen, oder?", sagte die kleine Giraffe und lächelte Benni freundlich an.

„Nein, anderen Tieren Streiche spielen möchte ich nicht. Das ist total gemein!", antwortete Benni erleichtert. Dann fragte er Tobi: „Willst du vielleicht mit mir spielen?"

„Klar, warum nicht? Mit dir kann man bestimmt viel Spaß haben!", sagte Tobi und grinste breit.

„Ja wirklich? Das ist so toll!", rief Benni mit leuchtenden Augen. Vor Freude wurde sein kleiner Rüssel ganz rot und wirbelte wie ein Propeller durch die Luft. Das machte Bennis Rüssel immer, wenn der kleine Elefant überglücklich war.

Von diesem Tag an waren Benni und Tobi unzertrennlich. Sie wurden die dicksten Freunde und es verging kein Tag, an dem Bennis Rüsselchen nicht mindestens einmal wie ein Propeller durch die Luft wirbelte!

Lena geht zur Schule

Seit vier Wochen geht Lena jetzt schon zur Schule.
Sie ist nicht weit von zu Hause entfernt, aber auf dem
Weg dorthin muss Lena über eine große Straße, auf
der viele Autos fahren. Jeden Morgen um kurz vor
halb acht bringt Mama Lena zur Schule und mittags
holt sie sie wieder ab.

Immer wenn sie die Straße überqueren, sagt Mama:
„Pass auf, wenn du über die Straße läufst. Du musst
über den Zebrastreifen gehen und vorher nach links,
dann nach rechts und wieder nach links schauen.
Erst wenn kein Auto kommt oder alle Autos anhalten,
darfst du loslaufen!" Mama übt jeden Tag mit Lena,
wie man sicher die Straße überquert.

Aber als Lena heute Morgen auf-
wacht, ist Mama sehr krank. Sie
hat nicht nur Husten und Schnup-
fen, sie hat auch noch Fieber.

Deshalb muss sie heute im Bett bleiben und kann Lena nicht begleiten.
„Kein Problem!", ruft Lena sofort.
„Dann geh ich eben alleine!" Mama
überlegt, ob sie es Lena schon zu-
trauen kann, alleine über die große
Straße zu gehen. Sie weiß, dass
Lena ein vernünftiges Mädchen
ist und die Regeln genau kennt.

Deshalb sagt sie zu Lena: „Gut, aber
du musst über den Zebrastreifen
gehen und darfst erst loslaufen,
wenn alle Autos anhalten." Lena
verspricht es, schnappt ihren Ranzen
und geht fröhlich aus dem Haus.
Endlich kann sie Mama beweisen,
dass sie alt genug ist. Ihre Freundin
Mira geht schon seit einer Woche
alleine zur Schule und Lena möchte
das auch. →

Unterwegs trifft Lena ihren Klassenkameraden Leon
und sie gehen gemeinsam weiter. An der großen
Straße bleiben sie stehen. Leon schaut nach links
und nach rechts und ruft: „Los, es ist frei!" Lena
will schon loslaufen, da kommt ihr plötzlich Mamas
Stimme in den Kopf: „… aber du musst über den
Zebrastreifen gehen …" Schnell zieht sie Leon an
seiner Jacke zurück – und im gleichen Moment
saust ein Motorrad vorbei!

Das ist gerade nochmal gut gegangen! Zum Glück
hat Lena auf das gehört, was Mama ihr gesagt hat!
Die beiden Kinder gehen nun zum Zebrastreifen und
bleiben dort stehen. Als ein Auto anhält, schauen sie
noch einmal nach allen Seiten, um sicherzugehen,
dass auch wirklich alles frei ist, und gehen dann
hinüber.

Als Lena am Nachmittag
nach Hause kommt,
erzählt sie Mama, was
passiert ist. „Jetzt weißt
du, warum du dich an
die Regeln halten musst.
Zum Glück hattet ihr
einen Schutzengel!",
sagt sie zu Lena.

„Ja, und er hatte die gleiche Stimme wie du", stellt Lena fest – und beide müssen lachen. Doch dann wird Mama wieder ernst und sagt: „Du hast jetzt selbst erlebt, was passieren kann, und daraus gelernt. Deshalb darfst du in Zukunft alleine zur Schule gehen." Lena umarmt Mama und ruft: „Danke, Mama – und danke, Schutzengel!"

Fridolin sucht das Abenteuer

Es war ein Tag wie jeder andere im Wald. Die Eulen schliefen, die Tierkinder spielten im Laub und die älteren Tiere suchten etwas zu essen. Nur Fridolin, der Marder, war nicht wie sonst mit seinen Freunden unterwegs, sondern saß schlecht gelaunt vor seinem Bau.

„Es ist so langweilig. Nie passiert etwas Aufregendes!", grummelte er. Eine Amsel saß auf einem Ast über Fridolin. Sie hörte, was er sagte, und schüttelte den Kopf.

„Ich fliege jeden Tag aus dem Wald hinaus bis in die große Stadt zu den Menschen. Meine Kinder lieben Kekskrümel und die gibt es leider nur dort", erzählte sie. „Dort ist es laut und bunt und grell. Überall lauern Gefahren für uns Tiere. Allein schon die Autos! So schnell kannst du gar nicht schauen, da sind sie schon an dir vorbeigerauscht!" Neugierig geworden setzte sich Fridolin auf.

„Ist es weit bis in die Stadt?", fragte er die Amsel. „Nein, man muss einfach nur eine Weile dem Bach folgen, dann ist man schnell da", antwortete sie. „Super!", rief Fridolin. Ein Ausflug in die große aufregende Stadt war genau das Abenteuer, das er gesucht hatte. →

Vor Freude machte er einen kleinen Hüpfer in die Luft und sauste los. „Warte! Ich wollte dir eigentlich damit sagen, dass es im Wald am schönsten ist, so schön wie nirgendwo sonst!", rief die Amsel noch hinter ihm her. Doch Fridolin konnte sie schon nicht mehr hören.

Als Fridolin in der Stadt ankam, staunte er nicht schlecht. Überall waren riesige Häuser, breite Straßen und viele, viele Menschen. An jeder Ecke gab es etwas zu entdecken! „Unglaublich!", quiekte er immer wieder aufgeregt.

Als er an einer offenen Tür vorbeikam, blieb er stehen. Hmm, wie das duftete! Vorsichtig tapste er in den Raum … und stand mitten in einer riesigen Küche! Menschen eilten hin und her. Niemand schien ihn zu bemerken. Ungestört sah er sich weiter um, bis er gegen den Fuß einer Frau stieß. Verwundert sah sie zu ihm herunter und Fridolin lächelte freundlich zu ihr hoch.

„Hallo, ich bin Fr …" Weiter kam er nicht. Die Frau stieß einen schrillen Schrei aus, packte einen Besen und jagte ihn zur Tür hinaus. Blitzschnell rannte Fridolin über den Bürgersteig, wich den riesigen Beinen der Fußgänger aus und rettete sich schließlich unter ein Auto. Geschafft! Das war wirklich knapp gewesen! Er kletterte an einem Kabel nach oben und rollte sich zitternd auf dem warmen Motor zusammen, wo er vor Erschöpfung einschlief.

Der kleine Marder erwachte davon, dass ihm plötzlich die Sonne ins Gesicht schien. Jemand hatte die Motorhaube geöffnet! Über ihm stand ein großer Mann und lief vor Wut ganz rot an. Dann streckte er seine Hand aus, um Fridolin am Kragen zu packen. Doch Fridolin war schneller, sprang aus dem Auto und rannte weg, so schnell ihn seine kleinen Pfoten trugen. Fridolin hatte die Nase voll. Die Stadt gefiel ihm ganz und gar nicht. Alle waren so gemein zu ihm gewesen! Traurig trottete er zurück nach Hause. Am Waldrand warteten seine Freunde schon auf ihn.

„Da bist du ja endlich!", riefen sie erleichtert. „Wir haben den ganzen Tag nach dir gesucht!" Fridolin war froh, wieder freundliche Gesichter zu sehen, die ihm nichts Böses wollten. „Der Uhu feiert doch heute seinen Geburtstag, da darfst du nicht fehlen", meinten sie. Und dann machten sie sich gemeinsam auf den Weg zur Geburtstagsfeier des Uhus. Schon bald hatte Fridolin den Ärger des Tages vergessen und dachte: „Zu Hause ist es eben doch am schönsten!"

Der stolze Pfau

Im Zoo von Zoodirektor Hagelkorn gab es viele Tiere.
Überall blieben die Zoobesucher stehen und bestaunten
sie in ihren Gehegen. Nur ein Tier hatte kein Gehege
und durfte sich frei durch den Zoo bewegen – das war
der Pfau Ricardo. Er war ein sehr stolzer Pfau, den keines
der anderen Tiere besonders mochte. Das lag daran,
dass er sich für das schönste Tier im ganzen Zoo hielt.

Immer wenn er am Affen-Gehege vorbeikam, sagte er
zu den Affen: „Ihr könnt vielleicht schnell und flink
klettern, aber schön seid ihr nicht!" Und dann spreizte
er die Schwanzfedern und zeigte den verärgerten Affen
sein prächtiges Pfauenrad. Es war wirklich ein ganz
besonders schönes Pfauenrad, das im Sonnenlicht in
den herrlichsten Farben schimmerte!

So drehte er Tag für Tag seine Runden durch den
Zoo und hielt bei jedem Gehege an, um den Tieren
zu sagen, dass keines von ihnen so schön war wie er.

Eines Tages flog eine Schar Graureiher über den Zoo
hinweg. Einer der Graureiher machte an dem kleinen
Teich im Zoo halt, um seinen Durst zu stillen. Gerade
als der Graureiher wieder weiterfliegen wollte, kam
Ricardo um die Ecke stolziert. Als er den Graureiher
entdeckte, ging er direkt auf ihn zu und sagte zu ihm:
„Was bist denn du für ein hässlicher grauer Vogel? Dein
Gefieder sieht ja schrecklich aus!" Dann schlug er wie
immer sein Pfauenrad und lief mit vor Stolz geschwellter
Brust vor dem Graureiher auf und ab.

Doch der Graureiher war überhaupt nicht beeindruckt
von Ricardos Schönheit. Gelassen sagte er zu ihm: „Ich
bin vielleicht nicht so schön wie du, aber dafür kann ich
mich in die Lüfte erheben und fliegen, wohin ich will! Du
mit deinen unnützen Pfauenflügeln kannst nur ein paar
Meter weit fliegen, aber niemals in die Ferne." Wie vom
Donner gerührt blieb Ricardo stehen und schaute den
Graureiher verblüfft an. Er wollte dem unverschämten
Vogel antworten und ihm klar machen, dass Schönheit viel wichtiger war als grenzenlose Freiheit. Aber
er brachte kein Wort heraus, denn zum ersten Mal in
seinem Leben musste Ricardo einsehen, dass er auf ein
anderes Tier neidisch war.

Der Graureiher aber flog in die weite Welt hinaus und
ließ den sprachlosen Ricardo einfach hinter sich. Und
von diesem Tag an stolzierte Ricardo nicht mehr durch
den Zoo von Direktor Hagelkorn, sondern bemühte sich
um die Freundschaft der anderen Tiere. Und weil die
Tiere nicht nachtragend waren, konnte sich Ricardo
bald über viele neue Freunde freuen.

Die traurige Prinzessin

Prinzessin Mimi besaß die schönste Halskette der Welt. Sie liebte diese Kette über alles und genoss es richtig, dass alle anderen neidisch auf ihre Kette waren. Die meiste Zeit über saß sie in ihrem Zimmer und betrachtete die glitzernden Steine der Kette, oder stolzierte umher und zeigte sie jedem, den sie traf.

Eines Morgens war ihre Halskette jedoch verschwunden. Mimi durchsuchte ihr Zimmer, fragte ihre Mägde und stellte das ganze Schloss auf den Kopf. Doch die Kette blieb verschwunden. „Ich will sofort meine Kette wiederhaben!", schrie sie so laut, dass es das ganze Schloss hören konnte. Wütend stampfte sie mit dem Fuß auf. Doch keiner konnte ihr helfen. Und so verwandelte sich ihre Wut bald in Trauer und sie beschloss, nie wieder zu lachen.

Wann immer man Prinzessin Mimi danach sah, war ihr Blick traurig. Obwohl sie vorher nicht besonders beliebt gewesen war, hatte das ganze Land Mitleid mit ihr. Und so gab es bald niemanden mehr, der lachte.

Eines Tages beschloss der König, dass es Zeit war, seine Tochter und damit auch sein Volk wieder zum Lachen zu bringen. „Holt mir alle Narren, Gaukler und Witzbolde ins Schloss. Wer meine Tochter zum Lachen bringt, dem schenke ich einen ganzen Korb voll Gold."

Die Nachricht sprach sich im Nu im ganzen König-
reich herum. Ein Narr nach dem anderen, viele Witzbolde und alle Gaukler aus der Umgebung traten vor
die Prinzessin und versuchten, sie zum Lachen zu bringen. Die Auftritte wurden zu Volksfesten ausgeweitet.
Und schon bald lachten der ganze Hofstaat, Bauern,
Ritter und überhaupt alle, die in der Nähe waren, über
die Vorführungen. Nur die Prinzessin lachte nicht. →

Als Nächstes wurden alle Goldschmiede damit beauf-
tragt, neue Ketten für Mimi zu schmieden. Doch die
Prinzessin blieb traurig, denn ihre geliebte Kette konnten
sie nicht ersetzen. Aus Verzweiflung beschloss der König,
Mimi zu ihrer Tante aufs Land zu schicken. Vielleicht
würde sie ja dort auf andere Gedanken kommen.

Mimis Tante war Bäuerin. Auf ihrem Hof lebten Ziegen,
Kühe, Hunde, Hühner und Katzen. Und eine Tochter hatte sie auch. Sie hieß Kathi. Mimi war gar nicht
begeistert davon, bei ihrer Tante wohnen zu müssen.
Während Kathi auf dem Hof herumtobte, saß Mimi
traurig auf der Wiese.

„He, du Trauerkloß! Spielst du mit mir Ball?", rief
Kathi zu Mimi herüber. Doch Mimi schüttelte nur den
Kopf. Sie wollte nicht spielen. Schon gar nicht, wenn
ihre Halskette noch immer verschwunden war. Aber
Kathi ließ nicht locker. Sie holte aus und warf Mimi
den Ball vor die Füße. Erschrocken sprang Mimi auf.

„He, was soll das?" Wütend warf sie den Ball zurück,
doch Kathi duckte sich schnell und der Ball flog weit
an ihr vorbei.
„Wer zuletzt am Ball ist, ist eine lahme Ente!", rief Kathi und rannte los. Eine lahme Ente wollte Mimi nicht
sein. Also rannte sie schnell hinter ihrer Cousine her,
überholte sie und war als Erste beim Ball.

„Gewonnen!", rief Mimi und hüpfte voller Freude auf und ab. Da lachte auch Kathi. „Siehst du, man braucht gar keine doofe Kette, um glücklich zu sein!", sagte sie zu Mimi. Und Kathi hatte recht. Je mehr Zeit Mimi mit Kathi verbrachte, desto weniger dachte sie an ihre verlorene Halskette.

Kathi zeigte Mimi, wie man die Tiere auf dem Bauernhof fütterte und wie man vorsichtig die Hühnereier einsammelte. Als es draußen regnete, brachte sie ihr sogar das Stricken bei. Und schon bald merkte Mimi, dass es so vieles gab, was Spaß machte und dass Freunde viel wichtiger waren als aller Schmuck der Welt!

Nur Mut, Niko!

Der kleine Eisbär Niko war ja so nervös! Heute wollte ihm seine Mutter das Schwimmen beibringen. Bis jetzt hatte Niko immer einen riesigen Bogen um das unheimliche Wasserbecken vom Eisbärengehege gemacht. Ängstlich sah er seine Mutter an. „Das ist so tief und dunkel!", sagte er. „Da traue ich mich niemals rein!" „Ach Niko, du kleiner Angsthase. Glaub mir, es ist nur halb so schlimm", antwortete Nikos Mutter und streichelte ihrem Sohn beruhigend über den Kopf.

Aber Niko war gar nicht beruhigt. Misstrauisch betrachtete er die schwarze Wasseroberfläche. Sechs Meter tief war das Becken. Das hatte Susanne, die lustige Tierpflegerin, mal gesagt. Niko wusste zwar nicht, wie viel sechs Meter waren, aber es hörte sich sehr tief an.

Der kleine Eisbär wusste aber auch, dass er seiner Mutter auf jeden Fall vertrauen konnte. „Wenn Mama sagt, dass Schwimmen nichts Schlimmes ist, muss ich auch keine Angst haben", sagte er aufmunternd zu sich selbst. Nach der Mittagsfütterung war es dann so weit. Nikos Mutter wartete schon im Wasser auf ihn.

„Komm zu mir, Niko! Du brauchst keine Angst zu haben. Hier ist das Becken noch nicht tief. Von hier aus kannst du ganz langsam ins tiefere Wasser laufen", sagte sie. Niko tauchte zuerst mal nur seine linke Vorderpfote ins Wasser. Das fühlte sich gar nicht so schlecht an! Dann kam die zweite Vorderpfote.

Was für ein lustiges Gefühl das war, wie das Wasser sein weißes Fell durcheinanderwirbelte! Mutig geworden gab sich Niko einen Ruck und stand bis zum Bauch im Wasser. Wenn er seine Pfoten hob, spritzte das Wasser wie wild durch die Gegend – das war vielleicht ein Spaß! „Das machst du prima!", sagte Nikos Mutter und ging weiter ins tiefere Wasser. „Jetzt komm mir einfach hinterher. Du hast es fast geschafft!"

Langsam folgte Niko seiner Mutter, bis nur noch sein weißer Kopf herausschaute. „Jetzt musst du nur noch deine Beine bewegen. Schau mal, wie ich es mache", sagte seine Mutter und paddelte mit ihren Vorderpfoten durchs Wasser. Also machte Niko die Bewegungen seiner Mutter nach.

„Ich schwimme!", jubelte er plötzlich und paddelte hin und her. „Und es macht ja solchen Spaß!"
„Ich bin so stolz auf dich!", sagte seine Mutter. „Ich hatte dir ja gesagt, dass du keine Angst haben musst."

Ja, das hatte seine Mutter gesagt und Niko damit ganz viel Mut gemacht. Seine Mutter war einfach die Beste!

Theo reißt aus

Im Stadtpark gibt es einen See, auf dem man Boot fahren kann. Ab und zu gehen Theos Eltern mit ihm dorthin. Dann mieten sie eines der bunten Boote und rudern über den See. Auf dem See leben auch Entenfamilien und wenn man Glück hat, sieht man sogar kleine Entenküken vorbeischwimmen.

Deshalb nimmt Theo immer etwas trockenes Brot mit, mit dem er die Enten füttern kann. Er fühlt sich dann wie ein Kapitän, der auf das Meer hinausfährt. Von seinem Opa hat er zum Geburtstag ein großes Fernrohr geschenkt bekommen. Damit kann er bei der Bootsfahrt alles genau beobachten.

Sein Onkel ist ein richtiger Kapitän auf einem großen Schiff. Als er sich eine neue Kapitänsmütze gekauft hat, hat er Theo seine alte Mütze geschenkt – und die setzt er sich dann immer auf.

An diesem Sonntag ist es endlich wieder soweit: Theo, Mama und Papa gehen in den Stadtpark. Theo freut sich schon riesig darauf, Boot zu fahren. Doch sie sind noch nicht am See angelangt, da treffen sie ihre Nachbarn, die Familie Reitmeier. Die Nachbarn interessieren sich sehr für Blumen und bewundern die schön angelegten Blumenbeete.

Mama und Papa unterhalten sich mit ihnen, aber Theo langweilt sich. Er will endlich Boot fahren! „Ich kann ja schon mal vorgehen", denkt sich Theo und läuft einfach los. Er kennt den Weg, schließlich war er schon oft hier.

Aber dann biegt er doch falsch ab und landet statt am Bootshaus an der Mauer auf der anderen Seite des Sees. Die Mauer ist nicht sehr hoch und Theo klettert hinauf. Hinter der Mauer geht es tief hinunter in das Wasser, aber Theo kümmert das nicht. →

Er balanciert auf der Mauer – das macht Spaß!
Inzwischen haben Mama und Papa bemerkt, dass
Theo weg ist. Aufgeregt laufen sie durch den Park
und suchen ihn. „Er ist vielleicht am See", meint
Papa und sofort gehen sie zum Bootshaus. Aber da
ist Theo nicht.

Plötzlich schreit Mama: „Da! Dort hinten auf der
Mauer!" Und schon rennen sie los. Nicht auszudenken, was passiert, wenn Theo in den tiefen See
fällt – er kann doch noch nicht schwimmen!

Als Theo Mama und Papa kommen sieht, springt
er von der Mauer und läuft ihnen fröhlich entgegen.
Erleichtert schließt Mama ihn in die Arme. Theo kann
die Aufregung gar nicht verstehen, bis Papa ihm sehr
ernst erklärt, in welcher Gefahr er gewesen ist.

„Da hab ich wohl einen Schutzengel gehabt?", fragt
Theo etwas bedrückt. „Ja", antwortet Papa, „aber
denk dran, auch Schutzengel sind nicht immer da.
Du darfst dich nicht auf sie verlassen, sondern musst
selbst auf dich aufpassen."

Dann darf Theo endlich ein Boot aussuchen. Während
sie über den See rudern, schaut Theo nachdenklich
auf das Wasser. Darin spiegeln sich der Himmel
und die Wolken – und eine davon sieht
ein bisschen aus wie Engelsflügel.

Max hat Geburtstag

Max erwachte davon, dass ihn die ersten Sonnenstrahlen des Tages an der Nasenspitze kitzelten. Gähnend rieb er sich den Schlaf aus den Augen. Da schaute auch schon seine Mutter zur Tür herein. „Guten Morgen, Schlafmütze! Hast du gut geschlafen?", fragte sie. Dann setzte sie sich auf die Bettkante und umarmte Max ganz fest.

„Herzlichen Glückwunsch zum Geburtstag", sagte sie und drückte ihn noch ein kleines bisschen fester. „Es tut mir leid, dass Papa und ich heute keine Zeit für eine Geburtstagsparty haben. Aber wir holen das ganz bestimmt nach, okay?" „Schon okay, Mama. Ist nicht schlimm", antwortete Max und lächelte seine Mutter an.

Aber ganz tief in sich drin war er schon ein bisschen enttäuscht, dass er dieses Jahr nicht mit seinen Eltern und Freunden feiern konnte. Als seine Mutter gegangen war, zog er sich an und ging in die Küche, um zu frühstücken.

Als Max nach der Schule nach Hause kam, war das Haus ganz ungewohnt still. Sonst klapperte immer seine Mutter in der Küche mit den Töpfen und kochte für sie beide Mittagessen. Heute hatte sie ihm alles bereitgestellt, damit er sich ein belegtes Brot machen konnte. Während er lustlos an seinem Brot herumkaute, hörte er ein schepperndes Geräusch im Wohnzimmer.

Max erschrak so sehr, dass ihm das Brot aus der Hand fiel. Außer ihm war doch niemand im Haus! Was hatte da also so laut gescheppert? Max nahm all seinen Mut zusammen und schlich auf leisen Sohlen durch den Flur in Richtung Wohnzimmer. Ganz langsam öffnete Max die Tür zum Wohnzimmer und streckte seinen Kopf hinein.

„Herzlichen Glückwunsch zum Geburtstag, lieber Max!", schallte es ihm laut entgegen. Max bekam einen solchen Schreck, dass er hinfiel und unsanft auf seinem Hosenboden landete.

„Was macht ihr denn alle hier?", fragte er verblüfft und schaute sich im Zimmer um. Da standen nicht nur seine Eltern und alle seine Freunde um den Wohn-zimmertisch herum, sondern sogar seine Großeltern und seine Lieblingstante Sabine waren gekommen! Und alle strahlten Max an und hatten Geschenke in der Hand. Max war fassungslos. →

„Ist uns die Überraschung gelungen?", fragte Max' Vater.
„Und wie! Aber ihr habt doch gesagt, dass ihr keine
Zeit für eine Geburtstagsparty habt", sagte Max.
„Das haben wir doch nur gesagt, weil wir dich über-
raschen wollten, Max. Wir können den ganzen rest-
lichen Tag mit dir und deinen Freunden feiern. Na,
ist da nicht toll?", sagte sein Vater.

„Das ist supertoll, Papa!", rief Max begeistert. „Aber
jetzt muss ich doch meine Geschenke aufmachen!"
Und dann ging die Party erst so richtig los.

Als Max an diesem Abend schon im Bett lag, kam
seine Mutter nochmal zu ihm ins Zimmer, um ihm
eine gute Nacht zu wünschen. „Hattest du einen
schönen Geburtstag, Schatz?", fragte sie ihn.

„Den schönsten, den ich jemals hatte! Danke schön,
Mama. Das war wirklich eine tolle Überraschung!",
antwortete Max und drückte seine Mutter zum Dank
ganz fest. Und als ihm wenig später die Augen zu-
fielen, schlief er mit dem Gedanken ein, dass er diesen
Geburtstag nie mehr vergessen würde.

Hanne lernt tanzen

Auf einem kleinen Bauernhof lebte einmal eine ganz normale Hühnerfamilie. Der Hahn stand jeden Morgen auf dem Mist und krähte, die Hennen legten Eier und die Küken scharrten und pickten im Sand herum.

Nur Hanne war anders. Sie interessierte sich nicht für das Eierlegen, Picken und Scharren der anderen. Viel lieber schaute sie von ihrem Platz auf der Hühnerstange aus in das Zimmer der Bauerstochter und sah ihr beim Tanzen zu. Ihr Kopf nickte im Takt der Musik und ihre Flügel zuckten dabei aufgeregt. Sie wollte auch so tanzen können wie das Mädchen!

Die anderen Hennen lachten Hanne aus, wenn sie ihnen von ihrem Wunsch erzählte. „Hühner können nicht tanzen", behaupteten sie. „Konzentriere dich lieber auf das Eierlegen." Doch Hanne wollte nicht darauf hören.

Am nächsten Tag, als die Bauerstochter wieder in ihrem Zimmer übte, setzte sich Hanne wie immer auf die Hühnerstange. Langsam fing sie an, die Bewegungen des Mädchens nachzumachen: Linker Flügel nach oben und rechtes Bein nach vorne, dann andersherum. Jetzt kam eine Drehung und dann eine Verbeugung. Bis hierhin ging alles gut, doch dann verlor Hanne das Gleichgewicht und fiel von der Stange. Die anderen Hühner lachten sie aus. →

„Hanne erfindet einen ganz neuen Tanz!", prusteten sie. Aber Hanne ließ sich nicht unterkriegen. Jeden Nachmittag übte sie so lange, bis sie nicht mehr herunterfiel. Langsam lernte sie, die Bewegungen des Mädchens ohne Probleme nachzumachen.

Irgendwann lachten die anderen Hühner nicht mehr über Hannes Tanzbewegungen, sondern fingen an, sie zu bewundern. „Ich wollte schon immer malen", gestand ein Huhn abends, als sich alle zum Schlafen auf die Hühnerstange setzten. „Und ich würde gerne eine Schiffsreise machen", sagte ein anderes. Sogar der Hahn mischte sich in das Gespräch ein und sagte: „Ich wäre gerne Opernsänger." Doch weder der Hahn noch die Hühner trauten sich, etwas anderes auszuprobieren als Krähen, Picken, Scharren und Eier legen.

Eines Tages war irgendetwas anders. Den ganzen Tag über gackerten die Hühner aufgeregt durcheinander. Immer wenn Hanne dazukam, beendeten sie ihre Gespräche und taten so, als hätten sie nichts Besonderes zu tun. Irgendwann hatte Hanne genug. Beleidigt verzog sie sich auf ihre Stange und übte ihre Tanzschritte, bis es Zeit zum Schlafen war.

Als am nächsten Morgen die Sonne aufging, wurde Hanne auf einmal geweckt. „Komm mit, Hanne. Wir haben eine Überraschung für dich!", sagte eines der Hühner. Erstaunt stellte Hanne fest, dass sich alle anderen Hühner vor dem Hühnerstall versammelt hatten. Verblüfft folgte Hanne dem Huhn, das sie geweckt hatte, nach draußen.

Mitten auf dem Hühnerhof war eine Bühne aufgebaut worden. Lächelnd führte das Huhn Hanne in die Mitte der Bühne und ließ sie dort allein. Unsicher schaute sich Hanne um. Und was passierte jetzt?

„Tanz für uns, Hanne!", riefen da die Hühner auf einmal zusammen im Chor und schauten sie erwartungsvoll an. Zuerst traute sich Hanne nicht, aber dann begann sie, sich ganz langsam zu drehen. Und dann tanzte Hanne! Ihr Traum war endlich in Erfüllung gegangen!

Schweinchen Jo
auf großer Reise

Jo war das neugierigste Schweinchen, das Bauer Heinrich jemals gekannt hatte. Immer wieder verschwand Jo einfach und tauchte dann ein paar Stunden später wieder irgendwo auf, wo ein Schweinchen eigentlich nichts zu suchen hatte. Dann kratzte sich Bauer Heinrich ratlos am Kopf und schaute Jo kopfschüttelnd an.

„Was soll ich nur mit dir machen, Jo? Kannst du nicht wie alle anderen Schweine im Schweinestall bleiben?",

fragte er dann. Und dann tat es Jo immer leid, dass er
Bauer Heinrich solchen Kummer gemacht hatte, und
er nahm sich vor, von nun an ganz brav zu sein.

Eines Tages hielt ein Lkw mit einem großen Anhänger
auf dem Hof von Bauer Heinrich. Neugierig schaute
Jo aus dem Schweinestall heraus. „Was wohl in dem
Anhänger ist?", dachte Jo und trippelte auf den Lkw
zu. Eine Laderampe war ausgeklappt, auf der Jo ganz
bequem in den Anhänger hineinlaufen konnte. Aber zu
Jos großer Enttäuschung gab es in dem riesigen Anhänger überhaupt nichts Spannendes zu sehen.

„Och, der ist ja ganz leer!", maulte Jo enttäuscht und
wollte gerade wieder die Rampe hinuntertrippeln. Doch
in diesem Moment wurde die Rampe auch schon hoch-
geklappt und von außen verschlossen. Jo war gefangen!
Ängstlich sah er sich um und suchte nach einem Aus-
weg. Aber da war keiner. →

Da heulte auch schon der Motor des Lkws auf und der Anhänger mit Schweinchen Jo setzte sich in Bewegung. Es wurde eine lange Fahrt über Stock und Stein. Jo wurde so durchgeschüttelt, dass er sich hinlegen musste, um nicht ständig umzufallen.

„Oje, jetzt macht sich Bauer Heinrich bestimmt wieder Sorgen, wo ich stecke!“, dachte Jo und bereute es sehr, dass er in den Anhänger gelaufen war. „Wer weiß, wo der Lkw hinfährt. Vielleicht komme ich jetzt nie wieder nach Hause!“ Traurig dachte Jo an all seine Freunde von Bauer Heinrichs Hof. Ob er sie jemals wiedersehen würde?

Irgendwann hielt der Lkw endlich an. Aufgeregt stand Jo auf und beobachtete, wie die Laderampe geöffnet wurde. Kaum war sie ganz ausgeklappt, trippelte Jo heraus und blinzelte ins helle Sonnenlicht. „Nanu, was machst du denn in meinem Anhänger, kleines Schweinchen?“, fragte ein dicker Mann und schaute Jo verblüfft an. „Gehörst du auf Bauer Heinrichs Hof?“

Eifrig nickte Jo mit seinem Köpfchen und strahlte den Mann an. Was für ein kluger Mann das war! „Na, da werde ich gleich mal bei Bauer Heinrich anrufen, ob er ein kleines neugieriges Schweinchen vermisst, was?“, sagte der dicke Mann lachend, zog sein Handy aus der Tasche und wählte eine Nummer.

„Spreche ich mit Bauer Heinrich? Ich habe hier ein kleines Schweinchen, das sich in meinem Anhänger versteckt hatte. Ist das vielleicht von Ihrem Hof? Ach, Sie haben schon nach dem kleinen Ausreißer gesucht? Ja, in Ordnung, ich werde so lange auf den Frechdachs aufpassen. Bis nachher", sagte er und legte auf.

Kaum zwei Stunden später war auch schon Bauer Heinrich da und schloss sein Schweinchen Jo glücklich in die Arme. Und Jo? Dem war die Lust auf Abenteuer endgültig vergangen. „Nie mehr werde ich Bauer Heinrich Kummer machen!", nahm er sich vor.

Doch es fiel ihm nicht leicht, seine Neugierde zu zügeln. Aber immer, wenn er etwas auskundschaften wollte, erinnerte er sich an die schreckliche Fahrt in dem dunklen Anhänger. Das wollte er nicht noch einmal erleben. Und deshalb hat Jo sein Versprechen bis heute gehalten!

Sandmann, wo bist du?

Es war kurz nach seinem fünften Geburtstag, als Felix auf einmal nicht mehr einschlafen konnte. Jeden Abend lag er wach und obwohl es still und dunkel im Haus war, fielen seine Augen einfach nicht zu. Es half nicht einmal, dass seine Mutter ihm vorlas und er sogar in ihrem Bett schlafen durfte. Seine Eltern fingen an, sich Sorgen zu machen.

Doch Felix fand das alles nicht schlimm. Er mochte es sowieso nicht, dass er immer so früh ins Bett musste. Statt zu schlafen, begann Felix nun, auch nachts zu spielen, in seinen Bilderbüchern zu blättern oder in seinem Malbuch zu malen. Er fand es einfach unheimlich toll, dass er seine Zeit nicht mehr mit Schlafen verschwenden musste!

Doch nach einigen Tagen machte es keinen Spaß mehr. Felix war müde und es ärgerte ihn, dass er nachts immer alleine war. Es gab niemanden, mit dem er sprechen konnte, niemanden, der mit ihm spielte. Und außerdem taten ihm die Augen weh.

„Ich will endlich wieder schlafen", beschloss er. Er überlegte, was er machen konnte. Bei der Kinderstunde im Fernsehen kam ihm dann die rettende Idee: Er musste den Sandmann finden! Der Sandmann würde ihm ganz sicher helfen können, wieder zu schlafen!

Gleich in der Nacht begann Felix, Bilder vom Sandmann zu malen. Seine Mutter half ihm am nächsten
Morgen, die Blätter zu beschriften: „Wer hat den Sandmann gesehen? Bitte schnell melden!" Dann schrieben
sie noch ihre Telefonnummer darunter und verteilten die
Zettel in der ganzen Stadt.

Bald hingen an jedem Baum, an jeder Ampel und in
jedem Schaufenster Zettel, auf denen der Sandmann
gesucht wurde. →

Aber Felix war das nicht genug. Er nahm das Telefonbuch zur Hand und rief jeden an, der den Nachnamen Sandmann hatte. Doch niemand wusste, wo der Sandmann war, der abends den Kindern den Schlaf brachte. Traurig stellte sich Felix in dieser Nacht an sein Fenster und sah zu den Sternen hoch.

„Sandmann, wo bist du bloß?", rief er hinaus. „Bitte, komm zurück!" Eine Träne fiel von seiner Wange auf die Fensterbank. Traurig legte sich Felix ins Bett. Da hörte er auf einmal ein Geräusch am Fenster. Erschrocken drehte er sich um … da war er, der Sandmann!

„Sandmann?", fragte Felix ungläubig. „Wo bist du gewesen?" Der Sandmann lächelte entschuldigend. „Ich war im Urlaub", erklärte er ihm. „Ihr Kinder wollt doch sowieso nie schlafen. Da dachte ich, ich gönne ich mir mal eine Pause. Aber als ich dich weinen sah, musste ich einfach zurückkommen. Sind all die Zettel da draußen von dir?"

Felix nickte. „Ja, ich will endlich wieder schlafen!", sagte er. Da lächelte der Sandmann und streute Felix seinen Sand in die Augen. „Sandmann?", murmelte Felix schläfrig. „Bitte, geh nie wieder weg." Er war schon fast eingeschlafen, als der Sandmann leise antwortete: „Versprochen!"

Von da an ging Felix gerne schlafen. Was auch immer er eigentlich noch tun wollte, konnte sicher bis zum nächsten Tag warten.

Gefährliche Bienen

Endlich ist es soweit: Heute findet das große Sommerfest in Paulinas Schule statt! Darauf freuen sich die Kinder schon seit Tagen. Sie haben mit den Lehrern und Lehrerinnen fleißig gebastelt und alles schön geschmückt. Die Eltern haben Kuchen gebacken und Salate zubereitet.

Paulina freut sich ganz besonders auf die leckeren Grillwürstchen und das Stockbrot. Das Fest beginnt um drei Uhr mit einer kleinen Aufführung, die die Kinder eingeübt haben. Sie tragen Bienen-Kostüme und singen das Lied von der Biene Maja. Paulina und ihre Freundin Lea haben sich vorher ein bisschen gestritten, weil sie beide die Biene Maja spielen wollten. Deshalb hat die Lehrerin entschieden, dass Lukas diese Rolle bekommt. Die Mädchen finden das unfair.

Trotzdem haben jetzt alle viel Spaß bei der Vorführung. Die Eltern sind begeistert und klatschen Zugabe. Anschließend werden noch ein paar Spiele gespielt und dann gibt's endlich was zu essen! Paulinas Papa ist zum Grillen eingeteilt. Er hat sich eine Schürze umgebunden und dreht die Würstchen so lange auf dem Rost hin und her, bis sie von allen Seiten richtig knusprig sind.

„Ich will ein Würstchen!", ruft Paulina und stürmt an der Schlange vorbei, die sich vor dem Grill gebildet hat. „Nichts da", antwortet Papa, „du stellst dich an wie die anderen." Paulina zieht eine Grimasse. →

Lukas steht ganz vorne in der Reihe und grinst Paulina schadenfroh an. Ausgerechnet er bekommt jetzt die erste Wurst! Paulina ist sauer. Als sie endlich ihr Würstchen auf dem Teller hat, zieht sie Lea am Arm: „Komm, wir setzen uns ans Ende der Bank." Sie will nicht bei den anderen sitzen, damit sie in Ruhe mit ihrer Freundin reden kann.

Paulina und Lea nehmen sich ein Brötchen, drücken einen dicken Klecks Ketchup auf ihren Teller und gehen zur Bank. „Hmm, lecker!", meint Paulina und will in die Wurst beißen. Aber sie hat nicht bemerkt, dass sich eine Biene daraufgesetzt hat.

Klatsch! Paulina spürt, wie ihr jemand auf die Hand schlägt, sodass die Wurst auf den Boden fällt. „Lukas!", schreit sie. „Was soll das?"

Lea hat gesehen, dass die Biene auf der Wurst saß, und beruhigt Paulina: „Sei froh, dass Lukas dir die Wurst aus der Hand geschlagen hat. Die Biene hätte dich sicher in den Hals gestochen!" Lukas fügt hinzu: „Ich bin euch nachgelaufen, weil ich euch ärgern wollte. Da habe ich diese Riesenbiene auf deiner Wurst gesehen ..."

Paulina sieht Lukas an und lacht: „Das hätte ich nie gedacht, dass ausgerechnet du mal mein Schutzengel sein wirst." Lukas grinst und sagt: „Ist doch klar, dass ich dich retten muss. Sonst kann ich dich ja nicht mehr ärgern!"

Simon und der Zauberer

Eines Tages kam Simon von der Schule nach Hause. Als er sich zu seinen Eltern an den Küchentisch setzte, merkte er, dass irgendetwas nicht stimmte. Seine Eltern waren so still. Und sie wirkten irgendwie traurig. „Was ist denn los, Papa?", fragte er vorsichtig.

„Ach, Simon. Ich habe leider meine Arbeit verloren. Und jetzt müssen wir erst einmal mit viel weniger Geld auskommen, bis ich wieder eine neue Arbeit gefunden habe", sagte Simons Vater und seufzte. Simon spürte, wie traurig sein Vater war, stand auf und umarmte ihn ganz fest.

Dann ging er hoch in sein Zimmer. Er wollte seinem Vater so gerne helfen! Er überlegte und überlegte, bis ihm der Kopf weh tat. Aber ihm fiel einfach nichts ein, was er tun konnte.

Am Nachmittag ging Simon in das kleine Waldstück hinter dem Haus seiner Eltern. Dort wollte er sich mit seinem besten Freund Paul treffen, um Räuber und Gendarm zu spielen. Als er an einem kleinen Gebüsch vorbeikam, hörte er auf einmal ein Rascheln im Laub. Neugierig lief er um das Gebüsch herum.

Vor ihm versuchte ein kleines Kaninchen verzweifelt,
seinen Hinterlauf aus einer Tierfalle zu befreien.
„Du armes Ding! Warte, kleiner Hoppel, ich werde
dir helfen", sagte Simon mit sanfter Stimme.

Er kniete sich neben der Falle auf den Boden und
lockerte die Schlinge um den Hinterlauf des Kaninchens
gerade so weit, dass das Tier sein Beinchen heraus-
ziehen konnte. „Siehst du, jetzt bist du wieder frei
und kannst in deinen Kaninchenbau zurückhoppeln",
freute sich Simon und stand wieder auf. Doch das
Kaninchen hoppelte komischerweise nicht
davon, sondern setzte sich vor ihn hin
und schaute ihm ohne Scheu direkt
in die Augen. →

Was war das bloß für ein komisches kleines Kaninchen? In diesem Augenblick verschwamm das Kaninchen vor Simons Augen, kleine bunte Blitze wirbelten um das Tier herum und wurden immer größer und größer. Erschrocken drehte sich Simon um und wollte weglaufen.

Doch da sprach eine freundliche Männerstimme: „Du brauchst keine Angst zu haben, mein Junge. Ich will dir nichts Böses!" Verblüfft drehte sich Simon um. Und ob ihr es glaubt oder nicht: Da stand ein alter Mann mit einem langen weißen Bart vor ihm!

Ein seltsames Gewand und einen hohen spitzen Hut hatte er an. „Mein Name ist Rondurak und ich bin ein Zauberer", sagte der Mann und lächelte Simon freundlich an.

„Damit mich die Menschen nicht erkennen, verwandle
ich mich immer in ein Tier, wenn ich außerhalb meines
Zauberreiches unterwegs bin. Es gefällt mir, dass du
Mitleid mit dem wehrlosen Kaninchen hattest, in das
ich mich verwandelt hatte. Die meisten Menschen
wären einfach vorbeigelaufen und hätten sich nicht
um das arme Tier gekümmert. Deshalb möchte ich
dir zum Dank einen Wunsch erfüllen. Was wünschst
du dir am meisten auf der ganzen Welt?"

Da musste Simon nicht lange überlegen und rief:
„Am meisten auf der ganzen Welt wünsche ich mir,
dass mein Papa wieder eine Arbeit bekommt, die ihn
richtig glücklich macht!" „So soll es geschehen, mein
Junge!", antwortete Rondurak und verschwand in
einem Wirbel aus bunten Blitzen.

Und als Simon am nächsten Tag von der Schule nach
Hause kam, erzählte ihm sein Vater, dass er die tollste
Arbeit gefunden hatte, die es auf der ganzen Welt gab.
Glücklich umarmte Simon seinen Vater und dachte:
„Danke schön, Rondurak!"

Überfall im Märchenland

An einem sonnigen Tag trafen sich Rotkäppchen und Gretel auf der großen gepflasterten Straße, die durch das Märchenland führte. „Hast du schon gehört, was gestern im Wald passiert ist?", fragte Rotkäppchen. Gretel schüttelte den Kopf. „Die sieben Zwerge sind auf ihrem Nachhauseweg vom Bergwerk überfallen worden. Ein Räuber hat ihnen alle Edelsteine gestohlen!"

„Wie furchtbar! Wir haben einen Räuber im Märchenland?", fragte Gretel ängstlich.
„Wir müssen unbedingt etwas unternehmen, damit der Strolch gefasst wird. Wir müssen alle Bewohner des Märchenlands zu einer Versammlung zusammenrufen und beratschlagen, was wir tun können", schlug Rotkäppchen vor.

„Das ist eine gute Idee! Lass uns gleich zu Dornröschen gehen, damit sie ihre Kundschafter ins ganze Märchenland ausschickt. Sie sollen überall verkünden, dass alle Bewohner des Märchenlands in Dornröschens Schloss kommen sollen", sagte Gretel eifrig.

Schon am nächsten Abend hatten sich alle Märchenfiguren im großen Thronsaal von Dornröschens Schloss versammelt. Das war vielleicht ein Anblick! Die Bremer Stadtmusikanten unterhielten sich mit Frau Holle, das tapfere Schneiderlein saß mit Aschenputtel am Fenster und die sieben Geißlein sprangen mit Hänsel und Gretel durch den Saal. →

Nach langem Hin und Her beschlossen sie, dass alle Könige, Prinzen und Prinzessinnen ihre Soldaten ausschicken sollten, um den Räuber zu fangen. Und so geschah es. Monatelang streiften die Soldaten durch das Märchenland, drehten jeden Stein um und durchsuchten jedes Haus. Doch den Räuber fanden sie nicht.

Schon bald versammelten sich die Bewohner des Märchenlands zum zweiten Mal. Der gestiefelte Kater schüttelte den Kopf über die Unfähigkeit der Soldaten und verkündete: „Ich werde den Räuber fangen! Ich brauche dazu nur einen dünnen Faden, den Knüppel aus dem Sack und die Kugel des Froschkönigs."

Da die Bewohner des Märchenlandes wussten, wie klug der gestiefelte Kater war, spann ihm die Goldmarie sogleich einen dünnen Faden, der jüngste Sohn des Schneiders lieh ihm seinen Knüppel aus dem Sack und der Froschkönig gab ihm seine goldene Kugel.

Auf einer Lichtung im Wald band der Kater den Faden an zwei Bäumen fest, sodass er quer über die Lichtung gespannt war. Dann legte er den Sack mit dem Knüppel auf den Boden und die Kugel davor, als wäre sie aus dem Sack gefallen.

Anschließend versteckte er sich und schrie: „Oh weh, ich habe die goldene Kugel des Froschkönigs verloren! Hoffentlich findet sie niemand vor mir!"

Angelockt von dem Geschrei schlich sich der Räuber heran. Als er die goldene Kugel sah, eilte er schnurstracks darauf zu. Dabei übersah er den Faden, stolperte darüber und fiel auf seine Nase.

Da sprang der gestiefelte Kater aus seinem Versteck hervor und rief: „Knüppel aus dem Sack!" Sofort schoss der Knüppel aus dem Sack und verjagte den Räuber aus dem Märchenland. Dabei verlor er die Edelsteine, die er den sieben Zwergen geraubt hatte. Wie freuten sich die Zwerge, als ihnen der gestiefelte Kater ihre Edelsteine zurückbrachte! Und dann feierte das ganze Märchenland ein rauschendes Fest.

Busfahrt mit Hindernissen

Heute ist der letzte Schultag vor den Weihnachtsferien.
In der Nacht hat es sehr stark geschneit und alles ist
schneebedeckt. Aufgeregt läuft Max zum Fenster und
schaut hinaus. „Juhuu!", ruft er. „Endlich können
wir einen Schneemann bauen!" Papa lacht und sagt:
„Langsam, junger Mann! Zuerst musst du heute
nochmal in die Schule. Beeil dich, der Schulbus fährt
in 10 Minuten." Max verzieht das Gesicht, schnappt
seine Schultasche und läuft los. Er freut sich darauf,
heute Mittag nach Hause zu kommen, denn dann
kann er endlich den Schneemann bauen.

An der Bushaltestelle warten schon viele andere Kinder
und bewerfen sich mit Schneebällen. Max wirft seinen
Ranzen in den Schnee und macht mit! Aber da kommt
auch schon der Bus und die Kinder müssen einsteigen.
„Nach der Schule treffen wir uns und bauen einen
großen Schneemann!", schlägt Malin vor und alle
stimmen zu.

Der Busfahrer, Herr Lehmann, muss schmunzeln.
Die Kinder freuen sich über den Schnee, aber ihm ist
er nicht willkommen. Er muss sehr vorsichtig fahren,
damit er die Kinder sicher zur Schule bringt. Zum
Glück hat er schon die Winterreifen montiert. Außerdem ist Herr Lehmann ein erfahrener Busfahrer und
kennt die Strecke gut. →

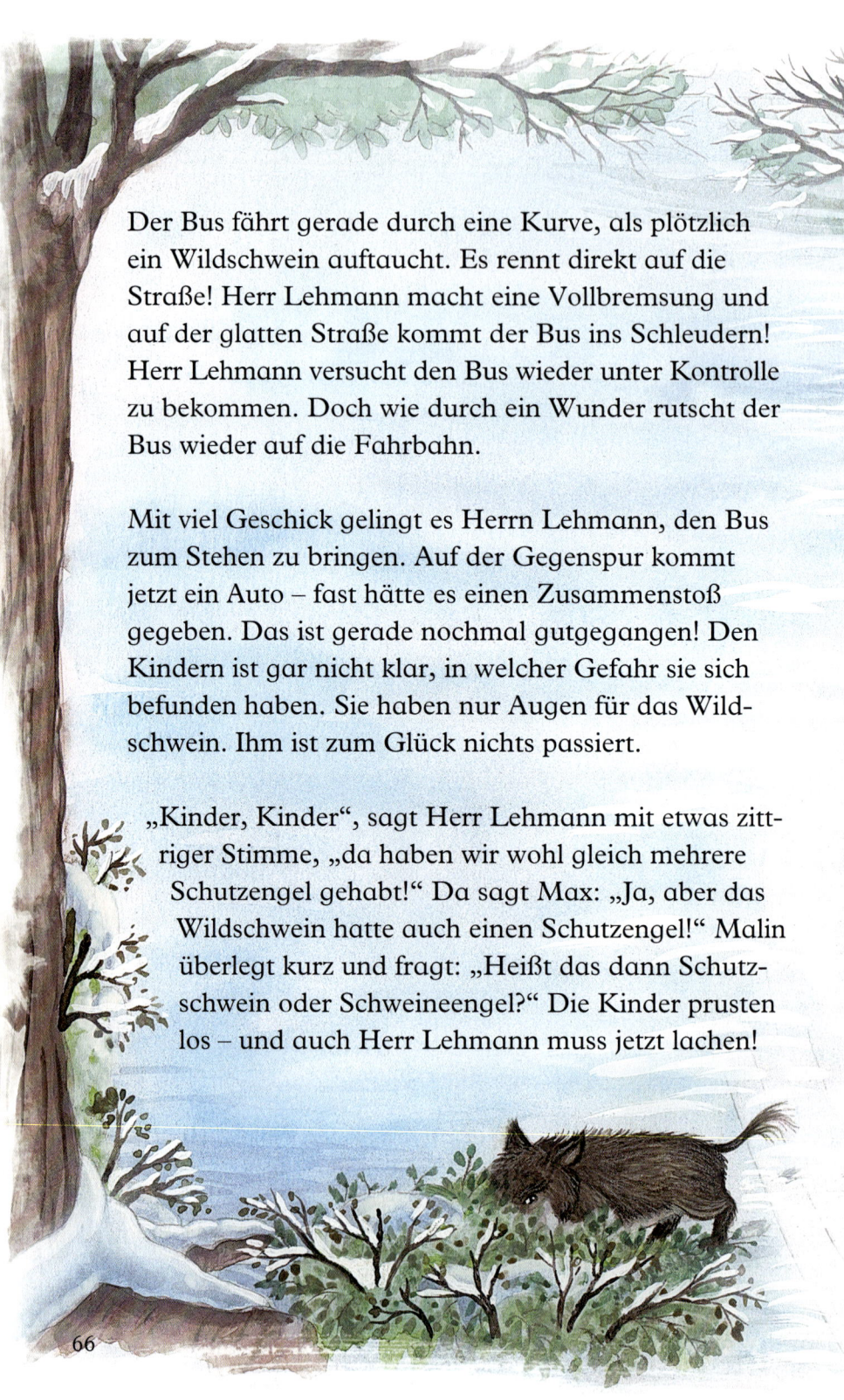

Der Bus fährt gerade durch eine Kurve, als plötzlich ein Wildschwein auftaucht. Es rennt direkt auf die Straße! Herr Lehmann macht eine Vollbremsung und auf der glatten Straße kommt der Bus ins Schleudern! Herr Lehmann versucht den Bus wieder unter Kontrolle zu bekommen. Doch wie durch ein Wunder rutscht der Bus wieder auf die Fahrbahn.

Mit viel Geschick gelingt es Herrn Lehmann, den Bus zum Stehen zu bringen. Auf der Gegenspur kommt jetzt ein Auto – fast hätte es einen Zusammenstoß gegeben. Das ist gerade nochmal gutgegangen! Den Kindern ist gar nicht klar, in welcher Gefahr sie sich befunden haben. Sie haben nur Augen für das Wildschwein. Ihm ist zum Glück nichts passiert.

„Kinder, Kinder", sagt Herr Lehmann mit etwas zittriger Stimme, „da haben wir wohl gleich mehrere Schutzengel gehabt!" Da sagt Max: „Ja, aber das Wildschwein hatte auch einen Schutzengel!" Malin überlegt kurz und fragt: „Heißt das dann Schutzschwein oder Schweineengel?" Die Kinder prusten los – und auch Herr Lehmann muss jetzt lachen!

Stups und die Schafe

Stups war ein kleiner Rauhaardackel, der bei seinem Herrchen Balduin lebte. Balduin machte oft lange Spaziergänge mit Stups. Immer wenn die Sonne ins Tal schien, gingen die beiden auf „die ganz große Runde", wie Balduin sagte. Und dann kamen sie jedes Mal an einer Wiese voller Schafe vorbei. Stups fand diese großen weißen Wollknäuel total lustig.

„Kann ich mit euch spielen?", kläffte er und wedelte wie wild mit dem Schwanz.
„Schafe und Hunde sind keine Freunde", blökten sie dann immer zurück. Und dann drehten sie sich um und ließen Stups stehen. Also gab Stups irgendwann auf und lief von dieser Zeit an mit traurig hängendem Schwanz bei den Schafen vorbei.

„Komm Stups! Heute machen wir wieder mal die große Runde!", rief Balduin eines Tages. Wie immer kamen sie an der Wiese mit den Schafen vorbei. Traurig wollte Stups vorbeischleichen, aber etwas ließ ihn hochblicken. Da entdeckte er, dass die Schafe vor Angst ganz außer sich waren. Stups schaute genauer hin … und erschrak.

„Ein Wolf!", bellte er. Aber Balduin konnte ihn nicht verstehen, weil er die Hundesprache nicht verstand. Außer Stups hatte keiner den Wolf gesehen. Er war der einzige, der den Schafen helfen konnte. Also zog und zerrte Stups so lange an seiner Leine, bis sie Balduin aus der Hand rutschte. Und dann raste Stups los.

„Verschwinde, Wolf! Lass die Schafe in Ruhe oder du
bekommst es mit mir zu tun!", knurrte er den Wolf an,
als er vor ihm stand. „Glaubst du wirklich, ich habe vor
so einem kleinen Hundchen wie dir Angst?", fragte der
Wolf. Dann zeigte er Stups seine großen spitzen Zähne.

Aber Stups wusste, wenn er jetzt nachgab, hatte der
Wolf gewonnen. Tapfer stand er zwischen dem Wolf
und den Schafen, knurrte und fletschte die Zähne wie
ein wildes Tier. Durch das Gebell von Stups war der
Bauer aufmerksam geworden. Als er den Wolf entdeckte,
kam er mit einem Gewehr angerannt und feuerte drei
Mal in die Luft! Der Wolf rannte wie der Blitz davon.

Erleichtert sah sich Stups um. Allen Schafen ging es gut.
Da räusperte sich das größte Schaf und sagte zu Stups:
„Danke, dass du uns das Leben gerettet hast! Du bist ein
tapferer kleiner Hund. Und du hast bewiesen, dass du
ein Freund der Schafe bist. Du kannst so oft du möchtest
zu uns kommen und mit unseren Lämmchen spielen."
„Wirklich? Das ist ja super!", jubelte Stups. Und schon
war er zwischen den Schafen verschwunden!

Schlaf gut, Moritz!

Unter dem Bett von Moritz wohnte ein Monster. Es trat von unten gegen die Matratze, rumpelte, polterte und zwickte Moritz in den Arm, wenn er über die Bettkante hing. „Ich will noch nicht schlafen gehen, Papa!", sagte Moritz zu seinem Vater. „Bitte, lass mich noch aufbleiben!", bettelte er bei seiner Mutter. „Darf ich heute bei euch schlafen?", fragte er seine Eltern.

Doch es half alles nichts. Moritz musste ins Bett, und zwar in sein eigenes. „Können wir wenigstens das Licht anlassen?", bat er seine Mutter, als sie ihn in sein Zimmer brachte.

„Na gut, aber nur das Nachtlicht", sagte sie und schaltete die kleine Nachttischlampe neben dem Bett ein. „Und jetzt schlaf gut, mein Schatz! Papa und ich müssen jetzt los!" Sie drückte Moritz einen Kuss auf die Stirn und ließ ihn allein – allein mit dem Monster unter dem Bett und der Babysitterin Tina im Wohnzimmer. →

Es dauerte nicht lange, da polterte es unter dem Bett
und jemand trat gegen die Matratze. Als sich dann
auch noch behaarte Arme unter dem Bett hervorscho-
ben und sich die Socken schnappten, die vor dem Bett
lagen, hielt Moritz es nicht mehr aus. Mit einem Satz
sprang er aus seinem Bett und rannte ins Wohnzimmer.

„Da ist ein Monster unter meinem Bett!", rief er. Tina
schloss Moritz in ihre Arme und strich ihm beruhigend
über den Kopf.
„Was ist das denn für ein Monster?", fragte sie ihn.
„Ich weiß nicht", murmelte Moritz an ihrer Schulter.
„Aber es zwickt mich und tritt gegen die Matratze."
„Hmm, das klingt nach einem Bettmonster", sagte Tina.
„Vielleicht musst du nur mal mit dem Monster reden",
überlegte sie. „Sag ihm doch einfach, dass es damit auf-
hören soll! Oder frag es, warum es dich ärgert!"

Dann holte Tina eine Taschenlampe aus dem Wohn-
zimmerschrank und drückte sie Moritz in die Hand.
„Wenn das Monster nicht mit dir reden will, ruf mich",
sagte sie und brachte Moritz zurück in sein Zimmer.

Im Zimmer nahm Moritz all seinen Mut zusammen, legte sich vor sein Bett und leuchtete mit der Taschenlampe darunter. Und tatsächlich! Ein grünes Monster mit langen zotteligen Haaren grinste ihn an. Eine halb gegessene Socke hing ihm aus dem Mund. Eigentlich wirkte es ganz friedlich. Es sah sogar richtig müde aus!

„Warum trittst du immer gegen meine Matratze? Und warum zwickst du mich?", fragte Moritz tapfer. Das Monster kratzte sich am Kopf, sodass seine Zotteln lustig hin und her wackelten.
„Ich kann bei Licht nicht schlafen!", antwortete es.
„Ich wollte, dass du die Lampe ausmachst!"

Moritz musste lachen und sagte: „Das hättest du doch nur sagen müssen!" Er kletterte in sein Bett, machte die Taschenlampe aus und drückte auf den Knopf der Nachttischlampe. Sofort war es dunkel im Zimmer.
„Schlaf gut, Moritz!", sagte da das Monster.
„Schlaf gut, Monster!", sagte Moritz. Und von diesem Tag an hatte er nie wieder Angst davor, sich in sein Bett zu legen.

Die Fee im Baumhaus

An einem sonnigen Samstagmorgen rannte Emma mit ihrem kleinen Bruder Leon durch den Garten. Gestern Abend waren sie mit ihren Eltern aus dem Urlaub zurückgekommen und konnten es kaum erwarten, in ihr geliebtes Baumhaus zum Spielen zu kommen. Ihr Vater hatte ihnen dieses Frühjahr das kleine Baumhaus in den großen Baum vor dem Haus gebaut. Und seitdem war das ihr liebster Platz zum Spielen.

„Wer als Erster oben ist!", rief Emma lachend und lief schnell die schmale Treppe hoch. „Das ist unfair, Emma! Ich kann ja gar nicht gewinnen!", maulte Leon, dem nichts anderes übrig blieb, als hinter seiner Schwester her zu laufen.

Als er keuchend oben ankam, setzte er sich zum Verschnaufen auf einen dicken Ast neben seine Schwester. Plötzlich hörten die beiden ein leises Geräusch aus dem Baumhaus. Es hörte sich an, als würde jemand ganz leise an eine Tür klopfen.

„Hörst du das auch?", fragte Leon seine Schwester und stand auf. Vorsichtig öffnete er die Tür zum Baumhaus und ging hinein. Emma folgte ihm.
„Hier ist niemand. Wer soll denn auch da sein?", sagte Emma. Aber auch sie hatte das leise Klopfen gehört und schaute sich im Baumhaus um. Da war es wieder! →

„Das kommt doch aus der Truhe da drüben, oder?
Hatten wir die nicht offen gelassen, als wir das letzte
Mal hier oben waren?", fragte Leon und ging auf die
kleine Holztruhe zu. Die schön verzierte Truhe hatte
ihnen ihre Oma geschenkt. Und als das Baumhaus
fertig war, waren sich Emma und Leon sofort einig
gewesen, dass es keinen besseren Platz für die Truhe
gab als das Baumhaus.

Langsam hob Leon den Deckel der Truhe … und erschrak so sehr, dass er rückwärts auf den Hosenboden
fiel. Emma stand hinter ihm und bekam den Mund vor
Staunen nicht mehr zu. „Eine Unverschämtheit! Wie
könnt ihr es wagen, mich in diese Truhe zu sperren?",
schimpfte ein Stimmchen. Und schon kam eine zierliche kleine Fee mit zarten Flügelchen und einem
schimmernden Kleidchen aus der Truhe geflogen.
Wütend flog sie um Leon und Emmas Kopf herum
und schimpfte immer weiter.

„E…entschuldigen Sie bitte, Frau Fee!", stotterte
Emma, die ihre Stimme als Erste wiedergefunden
hatte. „Wir haben Sie nicht in die Truhe gesperrt.
Wir sind gestern aus dem Urlaub zurückgekommen."

„Ach so?", antwortete die kleine Fee. Jetzt hatte sie
aufgehört, wie wild um die beiden Kinder herumzu-
fliegen. „Ja, aber wer war es denn dann? Ich wollte
doch nur mal kurz schauen, was in der Truhe ist.
Und – rumms – schlug der Deckel der Truhe über mir
zu und ich war gefangen."

„Das war bestimmt ein Windstoß, Frau Fee", überlegte Leon. „Hier oben im Baum fegt manchmal ein ganz schöner Wind durch das Haus, müssen Sie wissen."

„Ja, du hast recht, kleiner Menschling. In der Nacht, in der ich an eurem Baumhaus vorbeikam, fegte ein Sturm über das Land. Deshalb habe ich ja in eurem Baumhaus Schutz gesucht. Dann habe ich diese wunderschöne Truhe entdeckt und bin hinein-geflogen. Ach, was muss ich auch meine neugierige Nase immer in Dinge stecken, die mich nichts an-gehen!", seufzte die kleine Fee. „Auf jeden Fall bin ich euch sehr dankbar dafür, dass ihr mich befreit habt, Kinder. Ich hätte es keinen Tag mehr in der Truhe ausgehalten! Zum Dank hat jeder von euch einen Wunsch frei. Überlegt euch gut, was ihr euch wünschen möchtet. Wenn ihr es wisst, müsst ihr nur ganz fest an mich denken und schon bin ich da, um euch euren Wunsch zu erfüllen."

Mit diesen Worten flog die kleine Fee zum Fenster hinaus und ließ Emma und Leon mit offenen Mündern stehen. Was sich die beiden wohl von der Fee gewünscht haben?

Mikesch sucht ein neues Zuhause

„Mikesch, geh weg da!", rief Dorothea und verscheuchte Mikesch von der Wiege, in der das neue Baby schlief. Fauchend verzog sich der kleine getigerte Kater unter die Kommode. Seit Dorothea und Peter, die Menschen, bei denen Mikesch lebte, mit einem Baby nach Hause gekommen waren, war nichts mehr so wie vorher.

„Mikesch, geh weg da! … Mikesch, das ist nichts für dich! … Mikesch, mach nicht so einen Lärm!", hörte der kleine Kater jetzt ständig. Und dann schrie das Baby auch noch Tag und Nacht. Nein, hier war es ganz und gar nicht mehr gemütlich! „Ich brauche ein neues Zuhause!", sagte sich Mikesch.

An jedem Tag machte er größere Spaziergänge durch die Nachbarschaft. Mikesch schlüpfte unter Zäunen hindurch, erkundete Gärten und beobachtete die Menschen, die hier wohnten.

Doch an jedem Grundstück gab es etwas auszusetzen: Bei den Schmidts wohnte bereits eine andere Katze. Bei Familie Braun war es viel zu laut. Die Grünerts

hatten viel zu viele kleine Kinder, die den ganzen
Tag nur Unsinn im Kopf hatten, und bei den Kunzes
wurde er fortgejagt. →

Erst am Ende der Straße fand er ein Haus, das ihm gefiel. Der Garten war groß und schön verwildert. Außerdem war es da ruhig, es gab keine Kinder und niemand störte sich daran, dass Mikesch durch den Garten streunerte.

Am nächsten Tag kam Mikesch wieder in den schönen Garten am Ende der Straße. Diesmal wagte er sich bis an das Haus heran und fand ein offenes Fenster. Schnell sprang er hinein und machte es sich auf der Couch bequem. Hmm, die war so richtig schön zum Reinkuscheln!

„Na, wen haben wir denn da?", wunderte sich Frau Müller, als sie ins Wohnzimmer kam. „Du bist ja ein Hübscher!" Sie setzte sich neben Mikesch und kraulte ihn. „Zu wem gehörst du denn?" Da entdeckte Frau Müller die Adresse auf Mikeschs Halsband.

„Oh, das ist aber ganz am anderen Ende der Straße! Da machst du dich jetzt besser gleich auf den Heimweg, mein Kleiner. Bald wird es dunkel, weißt du?" Mit diesen Worten trug sie Mikesch zur Tür hinaus. „Danke, dass du mich besucht hast!", rief sie ihm hinterher und Mikesch maunzte zum Abschied.

Von nun an besuchte Mikesch Frau Müller jeden Tag. Immer sprang er durch das gleiche Fenster ins Haus und machte es sich auf der Couch gemütlich. Wenn Frau Müller dazukam, ließ er sich von ihr streicheln.

Manchmal spielten sie auch zusammen und Mikesch ließ sich füttern. „Hier gefällt es mir!", dachte er schon bald. „Hier bleibe ich!"

Irgendwann merkte Frau Müller, dass Mikesch sehr gerne bei ihr bleiben wollte. Deshalb sprach sie mit Dorothea. Sie konnte ihr ja nicht einfach ihr Haustier wegnehmen! Dorothea sah ein, dass sie wegen des Babys nicht mehr genug Zeit hatte, um sich richtig um Mikesch zu kümmern. Sie konnte verstehen, dass er sich bei ihr und Peter nicht mehr wohlfühlte. Also beschloss sie gemeinsam mit Frau Müller, dass es für Mikesch das Beste war, wenn er bei Frau Müller blieb.

Und so zog Mikesch um in sein neues Zuhause bei Frau Müller. Jetzt war seine kleine Katzenwelt wieder in Ordnung!

Der Kellergeist

Es ist Winter und draußen wird es schon dunkel. Luis
hat seine Freunde Henri und Karla zum Spielen eingeladen. Die Freunde sitzen in Luis' Zimmer auf dem
Boden und wollen eine Ritterburg bauen. Luis hat zum
Geburtstag einen Werkzeugkasten für Kinder bekommen. Das wollten sie jetzt ausprobieren.

Da kommt Mama herein und bringt ihnen heißen Kakao
und Kekse. „Ich muss noch mal schnell einkaufen
gehen", sagt sie. „In einer halben Stunde bin ich zurück." Seit Luis 7 Jahre alt ist, darf er ab und zu für
kurze Zeit alleine zu Hause bleiben – darauf ist er sehr
stolz. „Bleibt im Zimmer und macht nicht auf, wenn
es klingelt", ermahnt Mama und geht hinaus.

Luis, Karla und Henri hämmern und sägen weiter, bis
sie plötzlich feststellen, dass eine Schraubzwänge fehlt.
Sie durchwühlen sämtliche Kisten, aber die Schraubzwänge ist nirgends zu finden.

Luis überlegt: „Im Keller steht doch noch eine Kiste mit altem Werkzeug. Vielleicht ist da eine Schraubzwänge dabei." Aber dann fällt ihm ein, dass Mama nicht da ist, und er alleine nicht in den Keller geht – wegen dem Kellergeist. In dem dunklen Keller gibt es seltsame Geräusche und Luis ist sicher, dass dort ein Geist wohnt.

„Sieh doch mal nach, ob du die Schraubzwänge findest", schlägt Henri vor. „Ach, ich glaube nicht, dass wir dort was finden", meint Luis. Aber Henri lässt nicht locker. „Nun geh schon! Oder hast du etwa Angst?", fragt er und lacht. →

Jetzt hat Luis keine Wahl mehr: Geht er
nicht in den Keller, dann erzählt es Henri
morgen in der Schule. Das wäre fast noch schlimmer.
Also geht Luis entschlossen zur Kellertür. Ihm wird
richtig übel bei dem Gedanken, alleine die Treppe in
den dunklen Keller hinunterzugehen. Aber dann nimmt
er seinen ganzen Mut zusammen und öffnet die Tür.
Er drückt auf den Lichtschalter, doch nichts passiert.
Das Licht ist immer noch kaputt!

Luis geht ein paar Schritte, dann bleibt er stehen. Im
Keller ist es dunkel und sein Magen krampft sich zusammen. Da fällt ihm ein, was Oma ihm immer sagt: „Wenn
du etwas nicht alleine schaffst, dann hilft dir dein Schutzengel. Du musst nur fest daran glauben." Luis denkt jetzt
ganz fest daran. Langsam geht er weiter, er zittert vor
Angst, aber dennoch schafft er es, die Kiste zu finden.

Als er sich bückt, um die Schraubzwänge herauszu-
holen, ist über ihm plötzlich das seltsame Geräusch.
„Der Kellergeist!", durchzuckt es Luis. Er hebt den
Kopf – und sieht ein altes Mobile mit Metallvögeln.
Das Kellerfenster ist offen und der Wind bewegt
die Vögel. „Daher kommt also das Geräusch!",
stellt Luis erleichtert fest. Er nimmt die
Schraubzwänge und läuft nach oben.

„Hier ist die Schraubzwänge", sagt er zu
Henri – als wäre es das Normalste auf der Welt,
dass er sie im Keller geholt hat. Dabei ist Luis sehr
stolz auf sich! Mit Hilfe seines Schutzengels hat er es
geschafft, alleine in den Keller zu gehen!

Der Zwerg Nepomuk

Es war einmal ein Zwerg namens Nepomuk. Er war so schüchtern, dass er seine Höhle nie verließ und nur hin und wieder von einer Elfe besucht wurde. „Warum gehst du eigentlich nicht nach draußen?", fragte ihn die Elfe eines Tages. „Weil ich nichts Besonderes bin. Die anderen würden mich bestimmt auslachen!", antwortete Nepomuk.

Die Elfe überlegte einen Moment. Dann schlug sie vor: „Dann lerne doch irgendetwas, das sonst keiner kann." „Das ist eine gute Idee", dachte sich Nepomuk und überlegte, was er lernen könnte. Dann fiel ihm etwas ein: Er wollte höher springen können als alle anderen!

Also übte er jeden Tag. Er hüpfte in seiner Zwergen-höhle auf und ab und beobachtete von seinem Fenster aus die Grashüpfer, um sich vielleicht einen Trick abzuschauen. Bald konnte er so hoch springen, dass er gegen die Decke seiner Höhle stieß. „Aua!", rief er und rieb sich den Kopf.

Als die Elfe mal wieder zu Besuch war, klagte er ihr sein Leid: „Ich werde nie lernen, höher zu springen als alle anderen, wenn meine Höhle so niedrig ist!" „Dann geh doch nach draußen", schlug die Elfe vor. „Da hast du genug Platz." Nepomuk war verunsichert. Sollte er seine Höhle wirklich verlassen? Schließlich nahm Nepomuk all seinen Mut zusammen und kletterte aus seiner Höhle. Vorsichtig sah er sich um, aber niemand schien den Zwerg zu bemerken.

„Also gut", sagte er zu sich. „Dann will ich es mal versuchen!" Er spannte seine Muskeln an, ging in die Hocke und stieß sich vom Boden ab. Und tatsächlich: Er sprang höher als jemals zuvor! Aufgeregt versuchte er es ein zweites, drittes und viertes Mal.

Jetzt wurden die Waldbewohner aufmerksam. „Schaut mal, ein springender Zwerg!", riefen sie begeistert. „Und er hat blaue Haare! Das gab es ja noch nie!", tuschelten sie. Da hörte Nepomuk auf zu springen. Er hatte sich so damit beschäftigt, dass er nichts Besonderes konnte, dass ihm nicht aufgefallen war, dass er der einzige Zwerg war, der blaue Haare hatte.

Wie dumm er doch gewesen war! Von nun an wollte er sich nie mehr in seiner Höhle verstecken. Der ganze Wald wartete nur darauf, von ihm entdeckt zu werden!

Watschel fährt zur See

Es war einmal eine Entenmutter, die hatte fünf Kinder: Schnatter, Stummel, Quak, Plitsch und Watschel. Sie alle liebten es, im Teich schwimmen zu gehen – alle bis auf Watschel. Immer wenn die Familie zum Teich ging, sprangen alle sofort ins Wasser. Nur Watschel steckte vorsichtig ihren Fuß ins Nasse, schüttelte sich und zog ihn schnell wieder heraus.

Dann lachten ihre Geschwister sie immer aus und riefen: „Watschel traut sich nicht! Watschel ist ein Angsthase!" Dabei war Watschel alles andere als ängstlich. Das Wasser war ihr nur einfach viel zu kalt. Viel lieber ging sie am Ufer spazieren und beobachtete die kleinen Wellen, die ihre Geschwister beim Planschen machten.

Eines Tages jedoch schimpfte die Entenmutter deswegen mit Watschel: „So geht das nicht weiter. Eine richtige Ente muss auf dem Wasser schwimmen! Ich schäme mich für dich, Watschel!" Das machte Watschel so traurig, dass sie beschloss wegzulaufen. Sie lief und lief und lief, bis sie schließlich an einem riesengroßen Hafen ankam. Der Hafen führte direkt zum Meer und viele Schiffe waren am Ufer festgebunden, damit sie beladen werden konnten.

Da hatte Watschel eine tolle Idee. „Wenn ich mich auf eines der Schiffe schleiche, kann ich auf dem Wasser schwimmen, ohne nass zu werden", überlegte sie. „Dann kann Mama auch nicht mehr böse auf mich sein!"

Watschel suchte sich das schönste Schiff aus, das sie finden konnte. Dann schlich sie heimlich an Deck und versteckte sich im Frachtraum. Dort traf sie eine kleine Katze. →

„Was willst du denn hier?",
fragte die Katze neugierig.
„Ich will schwimmen, ohne
nass zu werden", antwortete
Watschel. „Und du?"
Da fing die Katze an zu
lachen. „Na, was wohl?",
antwortete sie. „Ich will Fisch essen!"

Schon bald legte das Schiff ab und fuhr mit Watschel
und der Katze an Bord auf das Meer hinaus. Zuerst
trauten sich die beiden blinden Passagiere nicht heraus
und blieben in ihrem Versteck. Doch dann wurden
sie vom Geräusch der Wellen und dem Geruch von
frischem Fisch hervorgelockt.

An Deck betrachtete Watschel das Wasser, während
sich die Katze satt aß. „Das gefällt mir!", rief Watschel
gegen den Wind. „Wenn doch nur meine Familie bei
mir wäre!" Doch plötzlich wurde das Schiff von einer
riesigen Welle getroffen und kippte zur Seite. Die
Katze verlor das Gleichgewicht, fiel und konnte sich
gerade noch im letzten Moment wieder hochziehen.

Doch – oh Schreck! Ihr Halsband war ins Wasser
gefallen! „Oh nein!", rief sie. „Ohne das Halsband
finde ich doch nie wieder nach Hause! Dann weiß
doch keiner, wo ich wohne!", jammerte sie. Watschel
hatte Mitleid mit der Katze.

Deshalb sprang sie ohne lange nachzudenken hinter dem Halsband her ins Wasser. Sie strampelte, flatterte und quakte aufgeregt, doch schließlich schwamm sie. Sie schwamm! Wenn das ihre Mutter sehen könnte! Die kleine Ente paddelte zu dem Halsband, schnappte es sich und kletterte an einem langen Seil, das ins Wasser hing, wieder auf das Schiff zurück.

„Jetzt findest du auf jeden Fall wieder nach Hause", sagte sie zu der Katze. „Und ich werde meiner Familie erzählen, dass ich kein Angsthase bin!" Dann winkte Watschel der Katze noch einmal zu, sprang wieder ins Wasser und machte sich auf den Heimweg. Und wisst ihr was? Watschel wurde die beste Schwimmerin ihrer Familie!

Gefahr im Wald

Draußen bläst ein starker Wind. Hannes und sein
Freund Levin stehen am Fenster und schauen hinaus.
Sie haben sich verabredet, um gemeinsam im Wald
Stöcke zu sammeln. Die beiden bauen an einem Tipi,
das im Garten hinter dem Haus steht. Es ist fast fertig,
aber es fehlen noch ein paar lange Stöcke. Und morgen
hat Hannes Geburtstag, dann wollen sie im Tipi ein
Indianerfest feiern.

„Bei dem Sturm ist es draußen zu gefährlich", sagt
Mama. Hannes lacht: „Das bisschen Wind macht
uns doch nichts aus!" Aber Mama erklärt den beiden
Jungen, dass durch den Sturm manchmal auch Äste
herunterfallen können. Dann geht sie in die Küche,
um einen Kuchen für Hannes zu backen.

„Wenn das Tipi morgen nicht fertig ist, kann ich
meinen Geburtstag vergessen!", mault Hannes.
„Lass uns mal nachsehen", schlägt Levin vor,
„vielleicht hat der Sturm ja aufgehört."

Sie gehen ein paar Schritte vor die Tür – und tatsächlich: Der Wind hat etwas nachgelassen. Schnell ziehen sie ihre Schuhe und Jacken an und rennen los in den Wald. Dort liegen viele kleine Äste auf dem Boden, die der Sturm heruntergeblasen hat. Hannes sammelt eifrig Stöcke ein. „Toll", ruft er Levin zu, „das wird ein Super-Tipi!"

Begeistert tragen sie zusammen, was sie finden können, und geraten dabei immer weiter in den Wald hinein. „So", meint Hannes, „das reicht. Lass uns nach Hause gehen." Der Wind ist wieder stärker geworden und bläst heftig durch die Baumwipfel. Plötzlich fegt eine Windböe durch den Wald! Krach! Nur wenige Meter vor Hannes und Levin fällt ein Baum quer über den Weg! →

Die beiden bleiben wie angewurzelt stehen und vor Schreck fallen ihnen die Stöcke aus der Hand! Nicht auszudenken, wenn der Baum auf sie gefallen wäre!

Hannes und Levin wollen so schnell wie möglich nach Hause. Deshalb nehmen sie ihren ganzen Mut zusammen, klettern über den Baumstamm und rennen dann so schnell sie können aus dem Wald. Um sie herum tobt weiter der Sturm, aber sie kommen sicher zu Hause an.

Als Mama hört, was passiert ist, schimpft sie nicht, sondern sagt nur: „Seid froh, dass ihr einen Schutzengel hattet! Und geht nie wieder bei Sturm in den Wald!" Hannes ist erleichtert, aber auch ein bisschen traurig, weil er das Tipi nicht fertig bauen kann.

Doch am nächsten Morgen gibt es für Hannes eine ganz besonders tolle Überraschung: Papa hat die fehlenden Stöcke für das Tipi im Baumarkt besorgt. Jetzt ist das Geburtstagsfest gerettet!

Der Glücksbringer

Henri war zum Geburtstag seiner Freundin Lotte eingeladen. Seit Wochen freute er sich schon auf dieses Fest, denn bei Lotte gab es immer tolle Spiele und viel zu lachen. Als der Tag dann endlich gekommen war, band Henri eine Schleife um das Geschenk für Lotte und ließ sich von seiner Mutter in die Kieselstraße bringen, wo seine Freundin wohnte.

„Alles Gute zum Geburtstag!", rief Henri, als ihm Lotte die Tür öffnete. „Danke schön! Du kommst genau richtig!", meinte Lotte. „Wir wollten gerade mit dem ersten Spiel anfangen." Dann gingen sie zusammen in das große Spielzimmer, wo schon die anderen Kinder warteten.

Das Spiel war schnell erklärt. Alle sollten sich nebeneinander an einer Linie aufstellen und dann so schnell wie möglich bis ans andere Ende des Zimmers und wieder zurück rennen. Im Ziel gab es dann einen Preis.

„Oh nein!", dachte Henri. „Bei Wettrennen bin ich gar nicht gut!" Doch er wollte kein Spielverderber sein.

Er stellte sich mit den anderen Kindern an der Startlinie auf. Dann rief Lottes Mutter „Los!" und alle rannten so schnell sie konnten zum anderen Ende des Zimmers. Henri war gerade mal auf der anderen Seite angekommen, als schon die ersten Kinder ins Ziel liefen. Lachend durfte sich jeder einen Stein aus einem Korb aussuchen. Henri wurde Letzter.

Als er in den Korb griff, lag nur noch ein einziger Stein darin. Der Stein war ganz grau und matt. Er sah fast aus wie ein ganz normaler Stein, wie man ihn überall auf der Straße fand. Die Steine der anderen waren alle bunt und glänzend. Henri betrachtete den Stein von allen Seiten, ob nicht vielleicht doch etwas Besonderes an ihm war. Aber er konnte nichts entdecken. →

„Das ist ja ein doofer Preis", sagte er leise. Enttäuscht steckte er den Stein in die Hosentasche und beachtete ihn nicht mehr. Am nächsten Tag traf sich Henri mit Lotte und drei weiteren Freunden, Basti, Tim und Susi, auf dem Waldspielplatz.

„Lasst uns doch noch ein Wettrennen machen. Das hat gestern auf Lottes Geburtstagsfeier so viel Spaß gemacht!", schlug Basti vor. Alle waren begeistert – alle bis auf Henri. Missmutig stellte er sich mit den anderen in eine Reihe. „Ich wünschte, ich würde heute endlich mal gewinnen!", flüsterte er. Unbewusst drückte er den Stein in seiner Hosentasche dabei ganz fest. Dann fing das Rennen an. Henri flitzte los, drehte um, rannte zurück … und kam als Erster im Ziel an!

„Das ist ja der Wahnsinn!", jubelte er und hüpfte vor Freude auf und ab wie ein Känguru. „Lasst uns gleich noch ein Rennen machen!" Wieder stellten sich alle in einer Reihe auf, Henri drückte den Stein und flüsterte seinen Wunsch. Und er gewann auch das zweite Rennen! Auch beim dritten und vierten Rennen erreichte er das Ziel als Erster.

Dann hatten die anderen keine Lust mehr, immer zu verlieren. „Lasst uns etwas anderes spielen", schlug Susi vor. Beim Versteckenspielen drückte Henri wieder seinen Stein und flüsterte leise: „Ich wünsche mir, dass ich als Letzter gefunden werde!" Und tatsächlich! Erst nach langem Suchen fanden die anderen Kinder Henri in seinem Versteck.

„Ich wünsche mir, dass ich am weitesten werfe!",
flüsterte er beim Ballspielen und drückte seinen Glücks-
bringer. Und wieder ging sein Wunsch in Erfüllung!
Auf einmal konnte keiner seiner Freunde den Ball so
weit durch die Luft fliegen lassen wie Henri.

Am Abend legte Henri den grauen Stein auf seinem
Nachttisch. „Das ist der beste Preis, den ich je gewonnen habe", dachte er glücklich. Nie wieder würde
er etwas doof finden, nur weil es nicht hübsch war!

Die Zahnfee

„Mama, schau mal, ich habe einen Zahn verloren!",
rief Lisa. Schon seit Tagen wackelte der rechte obere
Schneidezahn in Lisas Mund. Beim Essen hatte sie
immer aufpassen müssen, dass er nicht irgendwo
steckenblieb und sie ihn mit hinunterschluckte.

Doch es war alles gut gegangen. Jetzt war er ihr beim
Zähneputzen herausgefallen. Zähneputzen konnte Lisa
sowieso noch nie leiden! „He, das ist ja super!", sagte
Lisas Mutter. „Wenn du ihn heute Nacht unter dein
Kopfkissen legst, kommt vielleicht die Zahnfee und
nimmt ihn mit."

Lisa fand, dass das eine gute Idee war. Als sie am
Abend in ihr Bett stieg, legte sie den Zahn vorsichtig
unter ihr Kopfkissen und wartete. Immer wieder fielen
ihr die Augen zu, doch Lisa schlug sie jedes Mal schnell
wieder auf. Sie wollte doch die Zahnfee sehen! Aber
die Zahnfee tauchte nicht auf. Irgendwann war Lisa so
müde, dass sie ihre Augen doch nicht mehr aufhalten
konnte. Sofort fiel sie in einen tiefen Schlaf.

Nicht lange danach schob sich eine kleine Gestalt durch den Spalt am Fenster, das Lisa extra ein Stück offen gelassen hatte. Das kleine zierliche Wesen hatte lange blonde Haare und winzige Flügelchen auf dem Rücken. →

Es war eine Fee! In der Hand hielt sie ein Beutelchen, das gerade groß genug für ein paar Zähne war. Ihr rosafarbenes Kleid war wunderschön.

Suchend sah sich die Fee in Lisas Zimmer um. Dann entdeckte sie Lisa, die friedlich in ihrem Bett lag und von Feen träumte. Leise flatterte die Zahnfee ans Bett und hob das Kopfkissen ganz vorsichtig ein kleines Stück hoch. Da lag Lisas Zahn und wartete nur darauf, abgeholt zu werden. Behutsam nahm die Fee den Zahn und steckte ihn in ihren kleinen Beutel.

Dann zog sie eine Münze hervor und legte sie an die Stelle, an der eben noch der Zahn gelegen hatte. Einen Brief schrieb sie auch noch schnell und legte ihn dazu, bevor sie auf demselben Weg, auf dem sie gekommen war, wieder veschwand.

Als Lisa am nächsten Morgen aufwachte, streckte sie sich und gähnte herzhaft. Sie brauchte eine Weile, bis ihr wieder einfiel, dass sie ja auf die Zahnfee gewartet hatte. Doch dann hob sie schnell ihr Kissen hoch. Und was lag da, wo sie eigentlich ihren Zahn erwartet hatte? Eine Münze und ein kleiner Zettel!

Aufgeregt brachte Lisa den Zettel zu ihrer Mutter. „Mama, kannst du mir vorlesen, was auf dem Zettel steht?", bat sie ihre Mutter. Natürlich konnte Lisas Mutter das. Sie zog Lisa auf ihren Schoß und begann laut zu lesen:

Liebe Lisa,
gerade habe ich deinen ersten Milchzahn geholt. Ich bin stolz auf dich, denn der Zahn ist schön sauber und gepflegt. Du putzt dir bestimmt jeden Tag die Zähne. Weiter so! Vielleicht komme ich dich dann bei deinem nächsten verlorenen Zahn auch besuchen.

Deine Zahnfee.

Liebevoll drückte Lisas Mutter ihre Tochter an sich. „Siehst du, mein Schatz? Zähneputzen bringt doch etwas", sagte sie lächelnd und strich Lisa zärtlich durchs Haar. Lisa nickte glücklich. Schnell rannte sie in ihr Zimmer und steckte die Münze der Zahnfee in ihr Sparschwein. Sie nahm sich ganz fest vor, dass sie noch viel mehr Münzen für ihr Sparschwein sammeln würde.

Das Wettrennen

Mia, Felicitas und Samuel gehen in die gleiche Klasse. Am Nachmittag treffen sie sich oft zum Spielen. Dann tollen sie durch den Garten, spielen Fußball oder hüpfen auf dem großen Trampolin. Heute haben sie sich zu einem Wettrennen verabredet. Felicitas hat zum Geburtstag ein neues Fahrrad bekommen und möchte ausprobieren, wie schnell es fahren kann.

Als Samuel zum Treffpunkt kommt, sind die beiden Mädchen schon da. „Was hast du denn für einen komischen Deckel auf dem Kopf?", fragt Mia und kichert. „Siehst du doch, das ist ein Fahrradhelm", brummt Samuel. Die drei Freunde stellen sich mit ihren Rädern nebeneinander auf. „Seht ihr den großen Stein da hinten?", fragt Felicitas. „Der ist das Ziel." Samuel ruft: „Auf die Plätze, fertig, los!" Und schon treten sie kräftig in die Pedale. Samuel ist vorne, Felicitas in der Mitte und Mia ganz hinten.

Felicitas will unbedingt gewinnen. Sie fährt so schnell sie kann und liegt nun ganz vorne im Rennen. Als sie sich kurz umdreht, um zu sehen, wie weit sie vor den anderen liegt, passiert es: Sie sieht den großen Stein nicht und rast direkt darauf zu. Krach!

Der Vorderreifen knallt an den Stein und Felicitas fällt vom Rad. Sie hat Glück, denn außer einem blutenden Knie hat sie keine Verletzungen. Das neue Rad hat ein paar Schrammen bekommen. Samuel und Mia helfen ihr, aufzustehen und alle drei schieben ihre Räder nach Hause.

Zu Hause erzählt Felicitas, was passiert ist, und Papa tröstet sie: „Sei froh, dass du dir nichts gebrochen hast und dein Kopf heile ist. Dieses Mal hast du wohl einen Schutzengel gehabt, aber in Zukunft trägst du besser deinen Helm!" Felicitas verspricht es – und nimmt sich vor, nie mehr über Samuels Helm zu lachen.

Die tollpatschige Hexe

Sarina Besenstiel war eine tollpatschige kleine Hexe. In der ganzen Hexenschule Fidibus gab es keine tollpatschigere Hexe als sie. Egal, was Sarina anpackte, es ging daneben. Beim Zaubern zum Beispiel verwechselte sie immer die Wörter. Einmal sollten die Kinder einen Frosch in einen Hamster verwandeln.

Also sagte Meister Hokuspokus zu seinen Schülern: „Und jetzt sprecht mir alle nach: ‚Ene, mene, Fliegenbein, das Fröschlein soll ein Hamster sein.'" Gesagt, getan. Es machte 15-mal „puff" und auf den Schultischen vor den Kindern saßen 14 süße kleine Hamster. Auf dem 15. Schultisch aber saß … eine hässliche dicke Kröte!

„Sarina, was hast du denn nun wieder gesagt?", seufzte Meister Hokuspokus. „Ich sagte: ‚Ene, mene, Hosenbein, das Fröschlein wird zum Hamsterlein.' Ist das nicht richtig?", fragte Sarina kleinlaut. Wieder einmal lachten alle anderen Kinder sie aus. Und auch Meister Hokuspokus konnte sich ein Grinsen nicht verkneifen.

So lief es irgendwie immer bei Sarina. Egal, ob beim Zaubern, beim Brauen von Zaubertränken oder beim Fliegen, ihr passierte ständig irgendetwas Dummes.

Deshalb wurde Sarina trauriger und trauriger. Immer öfter zog sie sich zurück und fand keine Freunde. Eines Tages machte sich Sarina auf den Weg zu ihrer Großmutter Walpurga. Als sie gerade durch den Wald der Baumwichtel flog, purzelte sie plötzlich – holterdipolter – von ihrem Besen auf den weichen Waldboden. Verdutzt schaute sie hoch und entdeckte eine andere Hexe, die sie genauso verdattert anschaute.

„Hallo, ich bin Tara Kugelblitz. Ich glaube, wir sind gerade in der Luft zusammengestoßen!", sagte sie und grinste Sarina an. Dann bekam sie einen solchen Lachanfall, dass sie fast keine Luft mehr bekam. „Ja klar, lach mich nur aus!", maulte Sarina. „Die tollpatschige Sarina hat mal wieder zugeschlagen, ha, ha, ha!" Wütend zupfte sie sich das Moos vom Kleid und stand auf.

„Wieso tollpatschige Sarina?", antwortete Tara, als sie endlich wieder nach Luft schnappen konnte. →

107

„Ich war doch der Tollpatsch und habe dich vom
Besen gestoßen! Mir passiert sowas dauernd. Deswegen nennen mich alle nur ‚Chaos-Tara‘. Mir
macht das nichts aus. Ich bin halt so. Und meine
ganzen Freunde mögen mich auch so, weil es bei
mir immer etwas zum Lachen gibt.“

„Die mögen dich, obwohl du so tollpatschig bist?“,
fragte Sarina erstaunt nach. „Nee! Die mögen mich,
gerade weil ich so tollpatschig bin“, antwortete Tara
und stand ebenfalls auf. „Ich bin auch tollpatschig.
Aber ich habe leider keine Freunde“, seufzte Sarina.

„Das liegt daran, dass du nicht mit ihnen lachst,
sondern schmollst“, erklärte Tara. „Steh zu deiner
Tollpatschigkeit. Sie ist ein Teil von dir und macht
dich zu etwas Besonderem. Lach mit ihnen und sie
mögen dich – so einfach ist das!“

Nachdenklich flog Sarina am Abend nach Hause. Vielleicht hatte Tara ja recht und sie musste einfach nur dazu stehen, dass sie tollpatschig war. Das wollte sie gleich morgen während der Flugstunde von Meister Simsalagrimm ausprobieren!

Prompt fiel Sarina am nächsten Tag schon beim dritten Flug um den Schulturm fast vom Besen. Als sie ganz zerzaust im Schulhof landete, lachten natürlich wieder alle ihre Mitschüler über sie. Doch diesmal zog sich Sarina nicht schmollend zurück, sondern lachte lauthals mit ihnen.

„Habt ihr das gesehen? Sowas kann ja auch nur mir passieren! Die tollpatschige Sarina hat mal wieder zugeschlagen!", lachte sie. Zuerst schauten alle ganz verwirrt. Doch es dauerte nicht lange, da liefen die kleinen Hexen und Hexer auf Sarina zu, lachten mit ihr und erzählten ihr von kleinen und großen Missgeschicken, die ihnen selbst mal passiert waren.

Tara hatte tatsächlich recht gehabt – und Sarina hatte schon bald die besten Freunde, die man sich nur wünschen konnte.

Mit Kleister fängt man Geister

Schon lange hatte Theo das Gefühl, dass es in der alten Villa, in der er wohnte, spukte. „Hier wohnt ganz sicher ein Geist!", behauptete er. Doch seine Eltern lachten nur und sagten: „Ach Theo, Geister gibt es doch gar nicht!"

Aber Theo war sich ganz sicher, egal was seine Eltern sagten. Wer sonst warf immer wieder die Blumentöpfe um, polterte nachts auf dem Dachboden herum und versteckte Papas Schlüssel? Das konnte doch nur ein Geist sein! Theos Eltern glaubten natürlich, dass er ihnen die Streiche gespielt hatte. Doch Theo wusste es besser.

An einem Samstagabend brachte ihn seine Mutter ins Bett. Seine große Schwester Lara las ihm noch eine Geschichte vor. Als dann alle vor dem Fernseher saßen, schlich sich Theo in den Keller. Ganz unten im Regal stand ein großer Eimer Kleister. Mit Mühe zog Theo ihn vom Regalbrett und schleppte ihn bis ganz nach oben unter das Dach. Hier musste er erst einmal verschnaufen. Der Eimer war echt schwer! →

Als er sich erholt hatte, öffnete Theo den Eimer. Er kippte den Kleister auf den Dachboden, bis sich ein großer klebriger Fleck gebildet hatte. Dann versteckte sich Theo hinter einer Kiste und wartete.

Die Kirchturmuhr hatte gerade zwölf Uhr geschlagen, als sich etwas auf dem Dachboden regte. Vorsichtig spähte Theo hinter seiner Kiste hervor. Da stand doch tatsächlich ein Geist mitten im Raum! Verzweifelt versuchte er, sich von dem Kleisterfleck zu befreien. Doch er konnte zerren und zupfen, so viel er wollte, sein langes weißes Geistergewand klebte am Boden fest.

„Hah!", rief Theo und sprang aus seinem Versteck. „Ich wusste doch, dass hier ein Geist wohnt!" Erschrocken sah ihn der Geist an. „Dann kannst du mich ja jetzt wieder freilassen, oder?", fragte er eingeschüchtert.

„Erst wenn du mir verraten hast, warum du so viel Unsinn machst", antwortete Theo wütend. „Meine Eltern denken nämlich, dass ich ihnen die Streiche spiele und geben mir Hausarrest! Dabei kann ich gar nichts dafür!" Der Geist senkte den Blick und murmelte: „Ich mache das alles, weil mir so langweilig ist. Seit Tausenden von Jahren lebe ich schon hier in der alten Villa und schwebe jede Nacht allein durch die Räume. Ich weiß einfach nicht mehr, was ich mit meiner Zeit anfangen soll. Deshalb mache ich eben Unsinn."

Da musste Theo lachen. „Ist das alles? Ich weiß, wie
du dir nachts die Zeit vertreiben kannst! Ich hole einfach jeden Abend ein anderes Spielzeug aus meinem
Zimmer und stelle es dir auf den Dachboden. Dann
wird dir bestimmt nie mehr langweilig", sagte er und
löste das Geistergewand vorsichtig vom Boden ab. „Ich
bin übrigens Theo", stellte er sich dann grinsend vor.

„Und ich heiße Nicki", antwortete der Geist dankbar.
„Das ist eine tolle Idee und total nett von dir, Theo!
Und ich darf wirklich mit all deinen Spielsachen spielen?"
„Na klar", versprach Theo. „Du kannst dich auf mich
verlassen!"

Seitdem spielte Nicki nachts auf dem Dachboden mit
Theos Spielsachen. Und wenn dabei doch mal etwas
kaputt ging, dann ließ sich Theo gerne dafür schimp-
fen. Er wusste ja jetzt, wie es passiert war.

Die Rettung

Es ist ein sonniger Januartag und klirrend kalt. Lotte
und ihre Freundin Klara sind auf dem Nachhauseweg.
Die letzte Schulstunde ist heute ausgefallen, da ihre
Lehrerin, Frau Rübenstein, plötzlich krank geworden
ist und zum Arzt muss. „Wollen wir mal zum Weiher
gehen und nachschauen, ob er schon zugefroren ist?",
fragt Lotte ihre Freundin.
„Klar!", antwortet Klara. „Wir haben ja noch eine
Stunde Zeit bis zum Mittagessen."

Der Wiesenweiher liegt etwas abseits des Weges.
Im Sommer sind hier viele Spaziergänger unterwegs.
Oft haben auch Angler ihre Sitze aufgeschlagen und
warten, bis eine schöne große Forelle anbeißt. Lotte
war schon oft mit ihren Eltern am Weiher.

Einmal haben sie hier sogar Picknick gemacht! Heute ist niemand am Weiher. Er liegt still in der Sonne und seine Oberfläche glitzert.

„Eis!", ruft Lotte begeistert. „Er ist tatsächlich zugefroren!" Dann sieht sie Klara an und fragt: „Was meinst du? Ob das Eis schon dick genug ist, um uns zu tragen?" Die Mädchen wissen natürlich, dass es gefährlich ist, auf das Eis zu gehen, wenn es nur dünn ist. Um zu testen, wie dick es ist, wirft Lotte einen Stein auf das Eis. Der Stein bleibt auf der Oberfläche liegen.

„Dann trägt es uns vielleicht auch", meint Klara und will einen Schritt aufs Eis gehen. Aber Lotte hält sie fest. „Warte", sagt sie, „vielleicht sollten wir es lassen, es ist doch gefährlich." Unwillig schüttelt Klara den Kopf und sagt: „Quatsch! Sieh mal, es geht doch!" Und schon schlittert sie übers Eis. „Juhuu! Das macht Spaß!"

Lotte überlegt, ob sie es auch wagen soll, da knackt es plötzlich im Eis. „Klara!", ruft Lotte – aber da ist es schon passiert: Das Eis ist gekracht und Klara fällt ins Wasser! „Hilfe!", schreit Klara. Sie versucht, sich am Rand der Eisfläche festzuhalten, aber das Eis bröckelt immer wieder ab. →

Lotte weiß nicht, was sie tun soll: Wenn sie aufs Eis geht, um Klara zu helfen, wird sie selbst einbrechen. Wenn sie weggeht, um Hilfe zu holen, kann es zu spät sein für Klara. Lotte schießen die Tränen in die Augen. Da sieht sie ganz verschwommen eine Gestalt, die sich nähert. Lotte reißt die Arme hoch und winkt. „Hilfe!", schreit sie.

Die Gestalt kommt schnell näher – es ist ihre Lehrerin, Frau Rübenstein. Sie erkennt sofort, in welcher Gefahr sich Klara befindet. Am Ufer liegt ein langer, dicker Stock, den nimmt Frau Rübenstein und schiebt ihn zu Klara aufs Eis. Und tatsächlich gelingt es Klara, sich daran festzuhalten. Die Lehrerin hält den Stock mit beiden Händen ganz fest und zieht Klara langsam ans Ufer.

Plitschnass und zitternd vor Kälte steht Klara jetzt am Ufer. „Danke", sagt Klara leise zu Frau Rübenstein, „Sie haben mich gerettet. Sie sind ein echter Schutzengel." Die Lehrerin lacht und sagt: „Nein, das bin ich nicht. Aber dein Schutzengel hat mich wohl geschickt. Eigentlich wollte ich zum Arzt, aber er hat jetzt Mittagspause und da dachte ich, ich vertreibe mir die Zeit mit einem kleinen Spaziergang."

Dann zieht Frau Rübenstein ihre Jacke aus und legt sie Klara um die Schultern. „Komm, du musst dich schnell umziehen, sonst wirst du krank." Sie begleitet die beiden Mädchen nach Hause. Lotte ist unendlich froh, dass Klara gerettet worden ist. Für sie ist die Lehrerin ein echter Engel – und ab sofort auch ihre Lieblingslehrerin!

Der selbstgebaute Drachen

Der Herbst ist über Nacht ins Land gezogen und mit ihm kommt ein rauer Geselle. Ihr kennt ihn alle, es ist der Wind. Er pustet die bunten Blätter von den Bäumen, fegt über Berg und Tal, durch Wald und Feld. Ein recht ungemütlicher Bursche, dieser Wind.

Oh, wie sich meine Mutter ärgern kann, wenn er ihr die Blumentöpfe vom Balkon bläst, oder wie mein Opa schimpft, wenn ihm der Hut vom Kopf weht. Wir Kinder, wir mögen den Wind. Ich heiße Ben. Mein Freund Marc und ich, wir beide haben uns einen Drachen gebaut. Den Drachenbauplan haben wir von Marcs Vater bekommen, aus seiner Jugendzeit, wie er sagte.

Dünne Holzstäbe werden zu einem Kreuz zusammengeleimt, das man Drachengerüst nennt. Darauf haben wir starkes, buntes Pergamentpapier, das wir vorher nach einer Schablone ausgeschnitten haben, gespannt.

Einen Drachenschwanz aus bunten Papierstreifen, die auf einer Schnur befestigt werden, hat unser Drachen auch erhalten. Er wird am unteren Ende des Drachens festgemacht. Eine lange Schnur, mit der wir den Drachen lenken, wird am Drachenkreuz befestigt. „So, Marc", sage ich, „nun ist unser Drachen fertig. Gefällt er dir? Jetzt können wir ihn fliegen lassen!" →

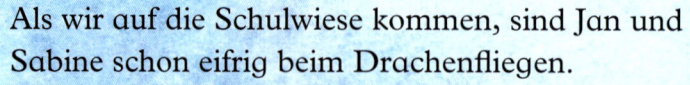

Als wir auf die Schulwiese kommen, sind Jan und
Sabine schon eifrig beim Drachenfliegen.
„Hallo ihr zwei!", rufen sie uns zu.
„Was ein toller Drachen!", sagt Jan.
„Wo habt ihr den denn gekauft?"
„Von wegen gekauft, den haben Marc und ich selbst
gebaut!"
„Wow, toll, voll schön!", ruft Sabine.

„Na los, ihr beiden, lasst euren Drachen doch mal auf-
steigen!" Marc hält den Drachen hoch, ich laufe los
und ziehe die Schnur stramm. Marc läuft noch ein
kurzes Stück mit, lässt den Drachen los und
mit einem kräftigen Schwung erhebt
sich unser Drachen in die Luft.

„Mensch, geht der ab!", ruft Marc.
Der Wind bläst unserem Drachen
kräftig ins Drachenkleid, sein bunter
Drachenschwanz wedelt hin und her.
Als beide Drachen hoch oben am
Himmel stehen, hat Jan eine Idee.

„Lass uns doch mal ein Wettfliegen veranstalten", schlägt er uns vor. „Der Drachen, der am höchsten steigt, ist der Sieger." Ich ahne schon, warum. Er ist natürlich der Meinung, dass ein gekaufter Drachen besser fliegt als ein selbstgebauter. „Ja klar", stimme ich sofort zu. Marc ist skeptisch, aber er macht mit.

Sabine gibt das Startzeichen und los gehts. Im gleichen Moment kommt eine starke Windböe und erfasst die beiden Drachen. Sie reißt uns fast die Schnur aus den Händen. Aber ich halte sie ganz fest und der Wind treibt unseren Drachen so hoch hinauf wie noch nie zuvor. „Juhuu!", ruft Marc. Doch plötzlich zerfetzt der Wind den Drachen von Jan und Sabine! Oje! Traurig sehen Jan und Sabine zu, wie die Reste zu Boden fallen.

Jetzt hat keiner von uns mehr Lust, Drachen steigen zu lassen und wir gehen nach Hause. Auf dem Heimweg sagt Jan plötzlich: „Du, Ben, es wäre total nett, wenn ich euren Drachenplan bekommen könnte."
„Wieso?", frage ich etwas verstohlen und grinse.
„Das ist doch klar", sagt Jan und schaut auf unseren Drachen, „selbstgebaute Drachen sind doch die besten."

Mein Freund Buddy

Mein Name ist Stefan und ich wohne mit meinen Eltern in einem großen Dorf. Unser Haus liegt etwas abseits, fast am Rande des Ortes, umgeben von waldigen Bergen, an einem kleinen See.

An meinem fünften Geburtstag bekam ich einen Hund geschenkt, den hatte ich mir so sehr gewünscht. Es ist ein mittelgroßer Hund. Er hat ein langes braunes Fell. Und weil er mein bester Freund ist und schrecklich gerne spielt, habe ich ihn einfach „Buddy" genannt.

Buddy ist mein bester Spielkamerad, obwohl ich viele Freunde habe. Er tollt mit mir auf dem Fußballplatz herum und holt den Ball immer wieder, selbst wenn ich ihn mal abseits in einen Graben schieße. Jeden Tag holt er mich mit meiner Mutter vom Kindergarten ab. Kurz vor dem Kindergarten ruft meine Mutter: „Buddy, schau, wo Stefan ist!?"

Wenn die Kindergartentür noch verschlossen ist, sitzt er gespannt davor, wartet und spitzt dabei die Ohren, schaut die große bunte Glasscheibe an und dreht den Kopf hin und her, als wolle er sagen: „Stefan, komm endlich raus!"

Wenn der Kindergartenbesuch am Vormittag zu Ende geht und ich aus der Tür komme, wedelt Buddy mit dem Schwanz, bellt laut und kommt auf mich zugerannt. Er setzt sich vor mich hin und streckt mir seine linke Pfote entgegen.

„Mein Buddy", sage ich und streichle seinen Kopf. „So, nun gehen wir nach Hause", ruft Mama, „nun kommt schon ihr beiden!" Buddy bekommt meine Butterbrot-Kindergartentasche um den Hals gehängt. Stolz läuft er voran und die Kinder lachen und zeigen begeistert auf Buddy.

Die Zeit ist vergangen, ich bin nun schon zehn Jahre alt und gehe zur Schule. Buddy ist immer noch mein bester Freund, auch wenn er mich nicht von der Schule abholen kann, denn ich fahre mit dem Bus in die Stadt zum Unterricht. So wartet er jeden Tag ungeduldig vor unserem Haus auf mich. Mein Buddy ist und bleibt mein bester Freund!

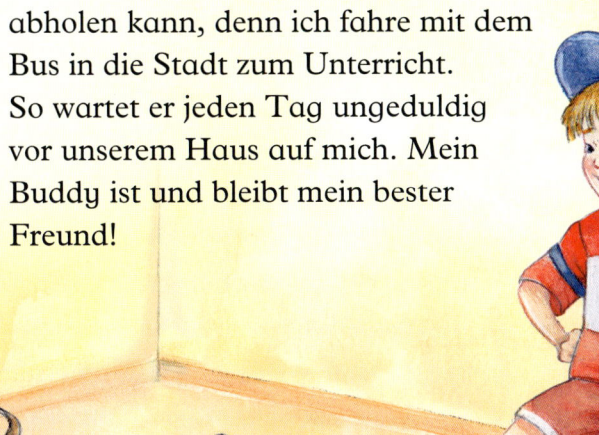

Ein Donnerwetter

Es ist Sonntag und draußen scheint die Sonne. Emma und ihre kleine Schwester Leni wollen auf den Spielplatz, aber Mama sagt: „Bleibt hier, es soll ein Gewitter geben." Emma schaut aus dem Fenster und meint: „Aber die Sonne scheint doch. Man sieht nicht mal eine einzige Wolke am Himmel." Mama macht ein ernstes Gesicht und antwortet: „Das kann sich ganz schnell ändern. Ihr könnt doch auch im Garten spielen."

Emma und Leni holen ihre Murmeln und gehen hinaus. Murmelspielen ist toll, vor allem weil die Kugeln so schön bunt sind. Manche glitzern sogar, die mag Leni besonders gerne. Umso mehr ärgert sie sich, wenn sie welche an Emma verliert – und das passiert ganz schön oft. Gerade hat Emma wieder eine Kugel gewonnen, als ihre Freundin Anna vorbeikommt. Sie ruft: „Ich gehe zum Spielplatz, kommt ihr mit?"

Ohne daran zu denken, was Mama gesagt hat, antwortet Emma: „Klar!" Sie nimmt Leni an die Hand und alle drei laufen los zum Spielplatz. Unterwegs fällt ihr auf, dass der Himmel dunkler wird und sie denkt an Mamas Ermahnung. Aber der Spielplatz ist ja gar nicht weit weg von zu Hause und falls wirklich ein Gewitter kommt, können sie schnell zurücklaufen, überlegt Emma.

Auf dem Spielplatz sind noch andere Kinder. Anna, Leni und Emma schaukeln, klettern und wippen. Krach! Plötzlich hören sie einen lauten Knall! Emma schaut zum Himmel: Oje, der Himmel ist jetzt ganz schwarz und es fängt auch an zu regnen. Emma sieht sich um: Alle anderen Kinder sind schon weg. „Schnell, wir müssen nach Hause!", ruft sie den anderen zu. →

Aber Leni und Anna reagieren nicht, sie schaukeln immer weiter und immer höher. Emma läuft zu den beiden hin, da sieht sie, wie nicht weit von ihnen ein Blitz herabschießt. Das Gewitter ist direkt über ihnen! „Schnell!", schreit Emma. „Kommt runter von der Schaukel! Das Metall zieht den Blitz an!" In der Schule hat der Lehrer erst letzte Woche erzählt, wie man sich bei Gewitter richtig verhält.

Emma fällt jetzt alles wieder ein: dass man sich nicht unter einen einzelnen Baum stellen darf, dass Metall den Blitz anzieht und dass man möglichst nah am Boden hocken soll. Sie ist über sich selbst erstaunt, dass sie das noch alles weiß – als hätte es ihr jemand zugeflüstert!

Rundum donnert und blitzt es und Leni fängt vor Angst an zu weinen. Da entdeckt Emma eine fest gemauerte Bushaltestelle. Das müsste gehen, denkt sie, nimmt Anna und Leni an der Hand und rennt los. Als sie sich unterstellen, geht direkt über dem Spielplatz ein Blitz nieder! Gerade nochmal Glück gehabt!

Als das Gewitter weiterzieht, rennen die drei nach Hause. Mama steht an der Tür und hält besorgt nach den Kindern Ausschau. Erleichtert schließt sie Emma und Leni in die Arme. Sie sagt: „Da habt ihr aber einen Schutzengel gehabt!" Und dann gibt es noch ein Donnerwetter, aber das kommt nicht vom Himmel – sondern von Mama!

© 2021 design cat GmbH

Genehmigte Lizenzausgabe
EDITION XXL GmbH
Industriestraße 19
64407 Fränkisch-Crumbach 2021
www.edition-xxl.de

Illustrationen, Layout, Satz und
Umschlaggestaltung: design cat GmbH
ISBN 978-3-89736-619-0